TRAICTE
de la Cour.

M. DC. XVII.

PREMIERE PARTIE.

ENTRE toutes les sortes de conuersations la plus meslée, & ensemble la plus difficile & espineuse est celle de la Court. En laquelle n'ayãt ordinairement autres qui se jettẽt, que ceux qui sont poussez ou d'ambition, ou de desir de faire leurs affaires : comme ces passions-là sont violentes, & qu'elles le doiuẽt estre encores dauantage en ceux qui se resoluent a vne si penible vie, aussi leurs mouuements sont violents, leurs rencontres rudes & fascheuses, & d'autant plus frequentes que plus de gens rendent a mesme but. Que s'il est besoin de retenuë, leur dissimulation est plus couuerte, & leurs finesses sont plus malicieuses, & ayans necessairement a se mesler parmy l'orgueil & la vanité de ceux qui ont credit enuers le Prince, bien souuent ne les pouuant contenter en leurs desirs aucunesfois peu raisonnables, l'on court fortune plustost de se ruyner que de s'auancer. I. Incertitude & varieté de la Court.

La varieté est telle en ceste conduite qu'il est du tout impossible d'en donner des reigles certaines. Et le meilleur conseil en ce subject est celuy qui se prend sur le champ, faisant comme l'on dict, la guerre a l'œil. Ce qui a faict que plusieurs en ceste varieté ont creu qu'és auancemens de Court, il y auoit plus de rencontre & de hazard que de conduite *a*.

Et l'Empereur Sigismond pour faire voir a vn sien Courtisan, qui se plaignoit apres le seruice de plusieurs années, n'auoir reçeu aucun aduantage de luy, que souuent telles fautes ne prouenoyent pas du Prince, mais de la mauuaise fortune des Courtisans, luy presenta deux boüettes fermées, l'vne remplie d'or & l'autre de plomb : luy donnant le choix de l'vne ou l'autre pour sa recompense. Ce Courtisan s'estant addressé a celle en laquelle estoit le plomb pensant prendre celle ou estoit l'or, il luy dict qu'il recogneust par là & accusast quant & quant sa mauuaise fortune, & non l'Empereur de ce qu'il n'auoit encores ressenty les effects de sa liberalité *b*.

c Si ne faut-il pas croire que tout soit fortuit en la Court. Il en est comme du jeu de premiere & autres jeux, esquels le hazard est meslé auec la conduite. Le bon joüeur ne laissera pas d'y perdre si la fortune luy est contraire, mais si elle luy en dict il la sçaura mieux mesnager qu'vn autre. Et pouuons dire que non la Court seulement, mais toute nostre vie est de mesme *d*.

Toutesfois pource que la Court est vn theatre haut esleué & exposé à la veuë de tout le monde, l'on y remarque mieux les jeux de la fortune. Il ne faut donc pas negliger, les reigles plus ordinaires, & plus vniuerselles, qui peuuent seruir à ceste conduite, encores qu'elles ne reüssissent pas tousiours

a *Dubitare cogor fato & sorte nascendi, vt cætera ita Principũ inclinatio in hos, offensio in illos, an sit aliquid nostris consiliis relictum liceatque inter abruptam contumaciã & deforme obsequium pergere iter ambitione & periculis vacuum.* Tacit. 4. Annal.

b *Iam reclusa pixide aiebat Cæsar videri palam non suã voluntatem sed ipsius fortunam obstitisse quominus hactenus beneficium sit consecutus.* Carion lib. 3. Chron.

c Es auancemens de Court le hazard est meslé auec la conduite. d *Vitam regit fortuna non sapientia.* Cic.

comme l'on s'est promis. Plusieurs bons pilotes, n'ont pas laissé de se perdre, nonobstant la cognoissance & l'experience qu'ils auoyent de la nauigation : & d'autres moins entendus sans astrolabe ny boussole sont venus about de longs & perilleux voyages. Pour cela toutesfois il ne faut pas conclure que nous deuions sans art, sans science, & sans boussole nous ietter à la mercy des vents. Mais certes, i'eusses desiré que vous eussiez choisy vn pilote plus experimété que moy en ceste mer, ne pouuant en la solitude, en laquelle ie veis, vous en representer qu'vne carte assez vague & incertaine, & y tracer les routes que le discours & les exemples du vieil temps, (entretiens ordinaires de ma solitude) me peuuent enseigner. Car d'entrer aux exemples de ce temps, si bien cela se pourroit faire auec plus de fruict, neantmoins ne se pouuant parler des viuans sans envie, il est plus seur de s'en taire.

Aussi i'estime que vostre intention n'est que ie m'engage en tels discours de la verité, desquels vous auez plus de cognoissance que moy. Afin donc de pouuoir suiure quelque ordre en vn subiect si confus, ie parleray premierement des parties, que i'estime plus necessaires a vn homme de Court, puis de l'vsage d'icelles en sa conduite, soit pour s'aduancer en credit, soit pour s'y maintenir, soit pour preuoir sa cheute, afin de la rendre plus douce & moins honteuse.

II. Parties plus necessaires a vn Courtisan.

Les parties plus necessaires à vn homme de Court sont la Ciuilité, & la promptitude de faire plaisir a vn chascun, pour luy donner entree ; l'Accortise & Dexterité pour le conduire par tout : & pour se maintenir la Patience, l'Humilité, la Hardiesse & la Suffisance ou Capacité.

De la Ciuilité.

La Ciuilité consiste principalement en deux poincts pour la rendre accomplie. L'vn est vne certaine Decente, Bien-seance, ou bonne grace, à laquelle l'on se doit conformer tant que l'on peut: l'autre est vne Affabilité agreable qui nous rende non seulement accessibles à tous ceux qui nous voudront aborder, mais aussi face desirer nostre hantise & conuersation.

De la Decence ou Bienseance en la Parole.

Ceste Decence ou bonne grace regarde trois choses, la Parole, la Contenance, & les Vestemens. En la Parole faut que la voix soit nette, non roüee, non trop haute ny trop basse, non begue, mais distincte, les termes soient honnestes, ordinaires, intelligibles, & communs, non vils toutesfois ny affectez, mais propres à la chose.

En la Contenance.

En la Contenance faut que la rencontre du visage soit douce, gracieuse, modeste, non affectee & sans grimaces: le port du corps bien-seant, sans gestes extraordinaires, en toutes actions ordinaires, soit boire, manger, ou autre semblable, monstrer modestie, & suiure ce qui est reçeu entre ceux auec lesquels nous conuersons.

Aux vestemens.

Ez Vestemens il faut estre propre non superflu, & selon les façons qui courent sans trop affecter les nouuelles, ny s'opiniastrer trop aux vieilles. Mais pour se bien reigler en tout cecy l'on considerera la façon & contenance de ceux, qui ont reputation de posseder ceste Bien-seance, & qui par la se rendent agreables, afin de se conformer & dresser à leur imitation.

De l'affabilité consistant en Accueil. Caresses.

L'affabilité consiste en plusieurs choses, mais principalement à sçauoir accueillir bien, & humainement receuoir les personnes, les saluer, honorer, respecter, aller au deuant & a la rencontre, les appeller, bref par signes exterieurs & carresses les asseurer de nostre courtoisie, & bonne volonté: leur donnans anec gestes & façons attrayantes le plus de seureté & confiance que faire se pourra de nous pouuoir parler.

Ce n'est pas assez pour confirmer entierement l'esprit des hommes, & pour faire qu'ils croyent estre aymez de nous, d'auoir vne bonne volonté enuers eux, & vn grand desir de leur ayder: mais il faut auec vn visage agreable, vn doux courtois accueil les exciter & conuier de nous accoster. Attraicts.

Et les ayans attirez de ceste façon la, les escouter auec signe de contentement & patience: car celuy qui n'escoute ne se peut nommer affable, ny celuy semblablement qui interrompt le discours d'autruy, ou en contredisant, ou en voulant deuiner ce qu'vn autre veut dire. Attention a escouter.

Et aduient ordinairement à telles gens de se rendre ridicules & confus, auec perte de temps, se trouuans en leur opinion le plus souuent esloignez de ce que l'on leur veut dire. Outre qu'interrompre les conceptions de celuy qui parle, ou ne se rendre pas attentif, est vn offence, & vn grand tesmoignage de mespris.

Or principalement nous tesmoignerons nostre attention en respondant a propos, auec iugement & douceur: fuyant tant que faire se pourra les rudes & aigres reparties: faisant naistre en ceux qui parlẽt a nous l'esperance de pouuoir aysemẽt nous approcher & parler toutes & quantefois qu'ils voudront. Respondre doucemẽt.

Mais encores que ceste facilité a entendre & respondre soit necessaire a toutes sortes de gens, & en toutes sortes de rencontres: elle l'est neantmoins d'auantage aux grands qui ont a traictés affaires.

Car leurs inferieurs entrãs en opinion que ceux qui en vsent ainsi se rendent égaux à eux, sont par là tellement asseurez qu'ils ne craignent point de se descouurir ouuertement de toutes leurs pensees, & de tous leurs desseins, comme si c'estoit à leurs compaignons ou a leurs amis: de façon que l'on peut dire que ceux-là tiennent la clef des cœurs des hommes.

Mais comme l'honneur qu'vn grand nous fait ne nous est pas agreable seulement pour le regard de sa personne, ains aussi pource que les caresses nous apportent plus de credit enuers ceux qui sont presens: de mesme le mespris qu'vn grand faict de nous, ne nous fasche pas seulement à cause de sa personne, mais nous est insupportable pour le peu d'estime, en laquelle l'on nous tient apres nous auoir veu ainsi mal traicter.

Toutesfois encores que ceste Affabilité doibue estre accompaignée de douceurs, ce n'est pas a dire qu'elle ne doibue estre aussi accompaignée de la Grauité & Decence sortable a nostre condition & nostre estat.

Auec grauité bien seante.

Mais comme l'harmonie naist d'vne douce & judicieuse correspondance de ton aigu & du graue: ainsi l'Affabilité doit estre meslée de la douceur & de la seuerité, ou pour mieux dire, doibt estre comme vn

Σεμνότης ϗ μεγαλοπρέπεια ἡ γεμόσιν ἐπὶ ἁπάσῃ δεῖ σε δὲ κιρνᾶν ἀεὶ τῆς μὲν σεμνῆς τῇ δοκούσῃ ψυχρότητι, τὴν γιγνομένην ἡδύτητα. τῆς δὲ μεγαλοπρεπείας τὴν ἀμειλίκτον δοκοῦσαν, κοινωνίας χαρίεσσαν ὅπως φαίνοιο ϗ τοῖς δὲ πρέπων ἡγεμονίᾳ ϗ χροίας γένους ὑπὸ σε πειθομένοις, οἱ δὲ ὡς ἄριστα γνοίης ὃ χρεὼς ἰδεῖν δεῖ σθένεσθαι τὴν ὁμοίαν δυναμένων.

moyen entre ces deux extremitez, de façon que l'vne n'espouuante ceux qui auront a faire a nous, & l'autre ne nous a vilisse enuers eux : mais qu'elle soit pleine de dignité & d'vne agreable rencõtre selõ la qualité des affaires, des personnes, & des autres circonstances, comme l'Empereur Manuel le conseille à Paleogue son fils.

† Les Pointes & plaisantes Rencontres sont aussi part de l'affabilité & seruent a assaisonner nostre parler, la nature ayant donné le riz à l'homme pour donner relasche a ces humeurs tristes & melancoliques, qui ordinairement accompaignent les affaires.

† Pointes & Rencõtres plaisantes.

Il faut toutesfois en cecy apporter vn grand iugement & vne grande discretion. Car ceux qui s'en seruent licentieusemẽt & à tous propos au lieu d'estre tenus pour affables, sont tenus pour boufons & plaisans.

Comme l'on en doit vser.

Il en fault donc vser sobrement & les entrelasser comme vn esclair, parmy l'obscurité d'vn graue discours, en façon qu'ils ne puissent auilir la dignité, ny de la personne, ny de l'affaire que l'on traicte.

Car comme vn peu d'eauë que l'on iette sur vn grand feu l'allume dauantage, & si on en iette beaucoup l'esteinct tout a faict : aussi ces Pointes & rencontres trop frequentes perdent leur grace & la dignité de celuy qui s'en sert, mais entremeslees & esparces auec iugement en vn discours l'animent & luy donnent force.

Et ainsi en doit-on vser comme de saulce & d'assaisonnement, & non comme de viande : de peur qu'au lieu de donner goust aux affaires elles en causent la satieté & le dégoustementr

† Or la quantité de ces rencontres doit estre telle

† Quelles elles doiuent estre.

qu'elles n'ayent en elles aucune partie odieuse: c'est a dire qu'il n'y ayt aucune salleté, & qu'elles ne tournent ny en mocquerie, ny en medisance, ny en reproche de quelque verité honteuse *a* a celuy auquel on parle. Car telles rencontres au lieu de concilier les esprits, les prouocquent quelquesfois a mespris, desdain, ou inimitié, & particulierement les grands s'en souuiennent long temps. *b*

Et bien qu'il semble nous debuoir estre permis de repliquer de quelque façon que ce soit quād l'on nous attaque de semblables gausseries: toutesfois le plus prudent & modeste conseil, que l'on peut prendre en cela, c'est de rabattre la pointe de telles parolles, ou vn graue silence: ou auec vn soubriz non desagreable, plustost qu'avec vne mordante replique perdre son amy.

C'est recognoistre la verité d'vne gausserie que de s'en picquer, & mōstrer que l'on en est offencé: *c* Au contraire en la mesprisant nous faisons croire aux autres qu'il n'en est rien. Et ainsi elle se passe sans laisser aucune mauuaise impression aux esprits des escoutans. *d*

Fault aussi fuyr les rencontres qui sont ordinaires en la bouche de gens de ville condition, & qui ont en soy ie ne sçay quoy de seruile abiect: comme aussi celles qui sont tirés des Equiuoques & mots a double entente, pource qu'elles sont le plus souuent sottes, contraintes, & mal prises. Mais sur tous nous garderons d'accompaigner nos rencontres de mines grimaces, ou autre geste & contenance malseante, comme font ordinairement les bouffons.

Ne faut aussi que telles rencontres soyent affectées ny premeditées, mais nées sans y penser

L'on

a *Facetiæ, quæ multum ex vero traxere acrē sui memoriam relinquunt.*

b *Fusius Consul gratia Augustæ floruerunt aptus alliciendis fœminarum animis, dicax idē & Tirerum acerbis facetiis irridere solitus, quarum apud præpotentes in longū memoria est.* Tacit. li. 4.

c *Maledictū interpretādo facies acrius.* Publ.

d *Convitia spreta exolescunt, si irascare agnita videntur.* Tacit.

Histrionem & Philosop. nihil amplius quam vrbe, Italiaque sumovit, vel contemptu omnis infamiæ, vel ne faciendo dolorem irritaret ingenia. Sueton. de Nero

L'on fuyra celles qui sont trop aduantageuses, & qui tiennent de l'orgueil, ou de la presomption: & ne faut mordre si asprement que l'on s'engage ou en vne inimitié & hayne d'autruy, ou en vne honteuse satisfaction.

Non plus deuons-nous reprocher à autruy ce qui nous peut estre reproché à nous-mesmes: ny nous gausser des miserables & malheureux, comme estant chose trop cruelle, a non plus que des meschans qui sont plustost dignes de hayne que de gausserie: ny de nos amis & parens comme chose pleine de malignité & mauuais naturel.

a *In calamitoso risus etiam iniuria est.* Publ.

Et bref quiconque se veut mesler de rencontrer, doit faire grande consideration sur la qualité des personnes, du lieu, du temps, & des autres circonstances.

Quant aux diuerses sortes de rencontres, elles sont en grand nombre: les vnes consistans en la rencontre d'vn mot court, les autres en la conception & entente de celuy qui parle, les autres en certaine façon de respondre: comme quand nous respondons à ce que moins l'on attendoit de nous, ou que nous respondons froidement sans nous esmouuoir à quelque demande faicte auec ardeur & impatience.

Desquelles rencontres bien que l'on peust icy apporter plusieurs exemples des anciens, neantmoins pource quelles s'aprennent mieux par la pratique & par la conuersation, ie les laisseray, estans d'ailleurs la pluspart froides à reciter, si les mots ne sont animez de la grace, auec laquelle ils ont esté autresfois prononcez.

Les Compliments aussi font part de l'Affabilité. Nous appellons Compliment vne briefue expres-

Compliments.

part de l'Affabilité.

sion d'amour, declaration ou demõstration d'honneur, & d'obligation enuers ceux lesquels nous desirons induire à confiance & asseurance qu'ils sont aymez & prisez de nous d'vne merueille & reciproque affection.

Ceste sorte d'offices, comme toutes autres choses à son milieu & ses extremitez: de façon que pour y obseruer la mediocrité, il est necessaire d'entrer en consideration des circonstances de la personne, du lieu, du temps, de la chose, & de la cause: pource qu'autre façon de parler est requise enuers vn plus grand, ou plus petit, ou vn égal, ou pareil a nous; autre quand il n'est question que de tesmoigner vne simple bien-veillance: autre quand il faut tesmoigner obligation & respect.

Mais sur tout faut prendre garde de ne nous laisser pas transporter tant aux belles paroles, que nous nous engagions en des termes hors de propos, ou bien en des repliques malseantes, ou prises de loin. Ains faut qu'entre personnes familieres nous vsions de termes communs, non recherchez ny affectez: bref que la langue & le iugement en cecy marchent du pair, & ensemble: accompagnans nostre discours de gestes, contenances, & façons exterieures expressiues de la mesme affection & volonté: & donnant briefuement à cognoistre les causes qui nous induysent a aymer, honorer, & nous resentir obligez.

Entre lesquelles il faudra choysir celles qui seront plus propres au subiect, & plus proches & mieux cognuës à celuy enuers lequel nous voulons faire ce Compliment.

Et si nous auons quelque gage de son amitié, tant pour quelque bon office que nous aurons reçeu de luy, que pour l'auoir tesmoigné par ses discours, il l'en faudra faire resouuenir, attribuant tout à son naturel plein d'affection & de courtoisie. A quoy il adioustera d'autant plus de creance, que chacun trompé de l'amour de soy-mesme se persuade aysement auoir, & se resiouït qu'vn autre croye qu'il possede les qualitez qui le peuuent rendre agreable, & le faire priser d'vn chacun.

En ce moyen deduit & traicté auec artifice & discretion, à vne certaine force occulte d'esmouuoir & disposer l'esprit, à donner foy & creance à qui s'en sert,

I'ay dict Discretion, pource qu'il se rencontre certains naturels, quoy que rares en la Court, lesquels sont si esloignez de ceste vanité ordinaire qu'ils tiendroyent à charlatanerie, & prendroyent deffiance de ceste façon de proceder.

C'est pourquoy il faudra auec ces gens-là s'esloigner de toute affectation, n'entrer en ces Complimens qu'és rencontres esquelles la coustume les rend necessaires, ou bien quand nous y serons portez par la suitte du discours ou des affaires: tesmoignans en nous plustost vne habitude & resolution ferme de nostre volonté, que l'impetuosité d'vne affection vehemente, qui puisse estre suspecte ou d'inconstance, ou d'affecterie, ou de dessein.

Responce aux Complimens.

En la responce que l'on fera à ces Complimens, l'on se gouuernera auec la mesme mesure & le mesme temperament. Mais particulierement pour respondre à l'obligation des biens-faicts que l'on dira auoir reçeus de nous, si bien nous les deuons extenuer, si ne les diminuerons nous pas toutesfois plus qu'il est conuenable (comme aucuns font.)

Pource que les diminuans trop, ou allegans que

ce seroit chose que nous ferions pour toute autre personne, nous accusons le iugement de celuy qui les prise, & qui croit auoir vn gage de nostre bien-veillance plus que le commun, lequel nous diminuons, en diminuant trop le bien-faict: & raualions par mesme moyen celuy qui estime estre tenu de nous pour nostre amy, à l'égal de ceux qui ne le sont pas. *a*

a Licet ita largiori vt vnusquisque etiam si cum multis accepit in populo se esse non putet. Nemo non habeat aliquam familiarem notam per quã speret se prõptus admissum. Senec. lib. 1. de Ben. 4.

C'est pourquoy bien que le deuoir nous ait porté à faire plaisir, il faut monstrer que l'affection particuliere y a contribué quelque chose sans vanité toutesfois.

C'est ce qui se peut dire en general de ceste sorte d'offices, qui practiquez auec prudence seruent grandement pour gaigner credit: comme au contraire s'ils ne sont accompagnez de discretion, reüssissent ridicules, & estans obmis offencent ceux qui les attendent de nous.

De la prõptitude de faire plaisir.

La promptitude de faire plaisir, est vne des principales parties qui doiuent estre en vn homme, lequel desire estre bien veu, & bien venu parmy les autres.

Elle contient en soy les principaux effects de la bien-veillãce, qui sont le bien-faict & la recognoissance du bien-faict.

Du Bien-faict.

Les Bien-faicts sont le cyment de la société humaine, & les ceps & manottes (disoit vn ancien) auec lesquels on peut lier & captiuer autruy: mesmement en la Court, ou l'interest est le seul lien, qui rassemble & maintien tant de gens les vns auec les autres, quoy que poussez de diuerses, & le plus souuent contraires affections.

Bien-faire au gré de celuy qui reçoit.

Or principale consideration que l'on doibt auoir en bien-faisant, est de bien-faire à la façon que deſire & vient a gré à celuy qui reçoit *a*: y ayant plusieurs choſes par leſquels panſans faire plaiſir nous faiſons deſplaiſir faulte de recognoiſtre le deſir & l'inclination de celuy à qui nous voulons bien faire.

∴ L'autre conſideration eſt en la façon de faire plaiſir: car des bien-faicts les vns ſont honorables a celuy qui les reçoit, & ceux la doiueent eſtre faicts deuant tout le monde, afin que l'honneur en ſoit plus grand.

Les autres ſont vtiles qui ſecourent l'indigence, foibleſſe, honte & autres neceſſitez de celuy qui les reçoit: Et ceux-cy ſe doiuent faire ſecrettement. *b*

† Les vns & les autres doibuent eſtre faicts volontiers & gayement, non a regret, ou par contrainte, ny meſmes auec prieres. Car ce qui eſt accordé de ceſte façon eſt cherement vendu: les prieres eſtans touſiours accompagnées de ſubmiſſion & pudeur. *c*

† Ils doiuent auſſi eſtre faicts toſt & promptement, car le retardement eſt ſigne de doubte, ou de peu de volonté: & refuſer toſt & donner tard eſt preſque tout vn.

* Selon la philoſophie le bien-fait ne deuroit eſtre mercenaire, ny faict ſoubs eſperance d'vne pareille. Mais en la Court il ne s'en faict point autrement: Et neantmoins ſi faut-il le faire de ſorte que l'on decouure en nous ceſte eſperance, donnant a cognoiſtre le plus que nous pourrons, que le bien-faict eſt

a *Nullũ beneficium eſſe duco, id quod quos facias non placet.* Plautus.

Videamus quid oblatũ maximè voluptati futurum ſit habẽtis nec munera ſupervacua mittamus. Senec. lib. 1. de Cauſ.

∴ Des plaiſirs les vns doibvent eſtre faicts ouvertemẽt les autres en cachette.

b *Quadam beneficia palam danda quædam ſecretto, palam quæ conſequi glorioſum eſt vt militaria dona & honores, vt quidquid aliud notitiam pulchrius fit rurſus quæ non producunt, nec honeſtiorem faciunt, ſed ſuccurrunt infirmitati egeſtati ignominiæ, tacite danda ſunt, vt nota ſint ſolus quibus proſunt.* Senec. li. 2. de Benef.

† Et tous volontiers.

c *Moleſtum verbum eſt oneroſum & demiſſo vultu dicendum nego.* Senec. lib. 2. de Benef.

† Promptement.

* Liberalement.

gratuit: autrement l'on ne nous en sçauroit non plus de gré qu'a vn Vsurier qui presteroit son argent à interest. *a*

a Turpis fœneratio est beneficium expensum ferre. Senec. lib. 1. de benef.

† Ne fault entrer en demandes incõtinent apres avoir fait plaisir.

† C'est pourquoy celuy qui a fait plaisir sera auerty de se garder dentrer en demande promptement enuers celuy qui l'a receu: de peur d'estre veu vouloir exiger la pareille & auoir faict plaisir à ce dessein. *b*

b Grave est homini pudenti pudere aliquid magnum ab eo eo de quo se bene meritū putet, ne id quod petit exigere magis quam rogare, & in mercedis potius quā beneficij loco numerare videatur. Cic. ad Curion.

† L'on se gardera aussi à la Court en faisant plaisir à quelqu'vn de nuyre ou desplaire a autruy, de peur de perdre d'vn costé ce que l'on penseroit gaigner d'vn autre.

† Ne faire desplaisir a l'vn, en faisant plaisir à l'autre.

Que si vn plaisir faict n'a reüssy comme nous esperions, ce sera prudence de continuer: afin de forcer par là l'ingrat de se rendre recognoissant, s'il est tel que nous ne nous en puissions passer: & par nouueaux bien-faicts confirmer & rafraischir les vieux.

Mais vne chose dont principalement il se faut garder (bien qu'ordinaires en la Court) est de ne troubler le receuant en la jouyssance du bien-faict: comme font ceux qui ayans procuré vne charge à quelqu'vn, la luy veulent faire exercer à leur fantasie, & ne leur faisans pas tournent leur amitié en hayne, conjurans la ruine de celuy qu'ils ont auancé.

De ceste façon en vsa Ruffin soubs l'Empereur Arcadius enuers Lucian, lequel il auoit faict Compte ou Iuge en tout l'Orient, & lequel depuis pour n'auoir satisfaict en quelque chose iniuste au desir d'Eucherius oncle d'Arcadius, Ruffin fit, mourir miserablement.

Cest exemple pourroit estre accompagné de plusieurs autres semblables, si ie ne m'estois proposé la brefueté en ce discours.

Paſſons à la recognoiſſance du bien-faict, laquelle conſiſte a le bien receuoir, s'en reſouuenir, & le ſçauoir recompenſer dignement & a temps.

De la recognoiſſance du bien-faict.

Le bien-faict doibt eſtre receu gratieuſement auec parole amiable, & viſage riant.

Le receuoir gratieuſement.

Quant à la reſouuenance nous la debuons teſmoigner en publiant le plaiſir que nous auons receu non ſeulement en le priſant & en faiſant cas, mais auſſi en loüant noſtre bien-faicteur.

S'en reſouuenir.

Et pour le regard de la recompenſe elle doit eſtre proportionnée au bien-faict, aux perſonnes, & aux moyens que l'on a de le recognoiſtre.

Le recompenſer.

Le bien-faict ſe meſure ou par ſa nature, s'il eſt grand ou petit, facile ou difficile, ſingulier ou commun & ordinaire, vray ou faux: ou bien par l'occaſion, s'il a eſté fait en la neceſſité & grand beſoin de celuy qui l'a receu: car tels biens-faicts ont grande force, & font oublier toutes iniures & offenſes paſſées, s'il y en auoit eu: comme au contraire le refus en telle ſaiſon eſt fort iniurieux, & faict oublier les precedens biens-faicts.

Bien-faict conſideré ſelon ſa nature.

Selon l'occaſion & le temps.

Le plaiſir ſe meſure auſſi par la volonté de celuy qui l'a faict: s'il l'a faict pour nous faire plaiſir, ou pour ſa commodité, ou par vanité, contrainte, neceſſité, ou hazard, en n'y penſant point, ou voulant faire le contraire.

Selon la volonté du bien-faicteur.

La conſideration des perſonnes peut auſſi nous obliger plus ou moins à la recognoiſſance des bien-faicts. Ceux-là ſont les mieux venus qui partent de main amye, & de ceux que d'ailleurs nous ſommes diſpoſez d'aymer. *a*

Le biẽ-faict conſideré ſelõ les perſonnes.

a *Acceptiſſima ſemper munera ſunt author quæ precioſa facit.* Ouid.

Au contraire il eſt faſcheux d'eſtre obligé à celuy qui nous deſplaiſt, & auquel nous ne voulons rien deuoir, *b* & ceux auſſi qui viennent de la main de ce-

b *Graue tormentũ eſt debere cui nolis.*

luy qui y est aucunement obligé, pource qu'il y a de la Iustice, obligent moins.

Quant aux moyens que l'on doibt employer pour recognoistre vn plaisir, il faut (si faire se peut) qu'ils le surpassent, ou au moins l'égalent, auec toute demonstration que l'on estoit obligé à plus ? & que cela n'est pour satisfaire à l'obligation, mais seulement pour monstrer que l'on se recognoist obligé.

L'on payera en demonstration de bonne volonté quand on ne pourra autrement, *a* en quoy faillent ceux qui ayans receu quelque bien-faict signalé, lequel ils ne peuvent suffisamment recognoistre par effect, au lieu de payer d'amitié leur biẽ-faicteur, le payent de hayne, fuyant mesmes de le rencontrer, de peur que sa presence leur reproche ou leur ingratitude, où leur impuissance.

† Ayant donc recogneu les moyens que nous avõs de recompenser vn bien-faict reçeu, nous devons rececher toutes les occasions que nous pourrons pour y satisfaire à temps, & auec ces precautions, que ce n'estoit trop promptement, ny trop curieusement : de peur qu'il semble que nous portions avec impatience d'estre obligez a nostre amy, que nous soyons en opinion qu'il nous ayt faict plaisir, pour en receuoir vn autre de nous.

Mais nous recognoistrons le bien-faict quelque peu apres, & non fort long temps, de peur de le laisser vieillir, & avec occasion, laquelle s'offre de soy-mesme, ou qui sera recherchée de nous sans fruict & sans parade.

L'Accortise consiste à sçauoir faire difference des personnes, des affaires, & des autres circonstances, & selon cela reigler sa façon de proceder, son parler, & son silence.

contra iucundissimum est ab eo accepisse beneficium quem amare etiã post iniuriam possis. Senec.

Moyens de recognoistre vn bien-faict.

a *Adeoque in contrariũ itur, vt quosdam habeamus infestissimos nõ post beneficia tãtum sed propter beneficia.* Seneca.

Beneficia eo vsque lata sunt quo videntur exolui posse vbi multum antevenere pro gratia odium redditur. Tacit.

† Le temps de recognoistre au bien-faict.

De l'Accortise.

Les differences des personnes, des affaires, & des autres circonstances sont infinies : c'est pourquoy nous ne r'apporterons icy que celles qui se remarquent plus ordinairement en la conuersation des hommes : lesquelles pourront resueiller nostre prudence a la consideration des autres qui s'y rencontrent moins souuent.

La difference des personnes se prend ou des facultés interieures, desquelles procedẽt leurs actiõs, ou de leurs conditions exterieures par le moyẽ desquelles nous pouuõs descouurir comme au trauers d'vn nuage quelque chose de leurs inclinations. De la difference des personnes.

Il y a deux puissances Interieures en nous, lesquelles seruent à la production de toutes nos actions, sçauoir est l'esprit & la volonté.

Les Espritz des hommes sont entr'eux fort dissẽblables, & en pourroit-on faire autant de degrés qu'il y a d'hommes au monde: mais pour le subiect de ce discours nous les distinguerons par la Capacité & Incapacité. Difference des Espris. Difference de la Capacité des Esprits. De la Capacité Naturelle qui prouiẽt du cœur.

La Capacité est ou Naturelle ou Acquise.

La Naturelle vient de la perfection des organes ou instrumens que la Nature nous a donnez pour l'operation des functions de l'esprit : lesquelles l'on reduit a ces trois, Entendement, imagination & Memoire, & est la Capacité de l'esprit, ou en l'vne d'icelles, ou en deux, ou en toutes trois : ceste diuersité prouenant selon aucuns du temperament du cœur, mais selon d'autre (lesquels nous suyurons) du temperamment du cerueau.

Ce temperamment n'est autre chose qu'vn meslange des quatre qualitez premieres : lesquelles ne se trouuans en vn mesme subiect toutes en mesme Temperament.

quantité, poids & mesure, l'on qualifie le temperamment du nom de celle qui domine & surpasse les autres en force.

Capacité de l'entendement d'ou prouient.

L'on attribue au temperamment sec la Capacité de l'Entendement, laquelle consiste a distinguer, choysir & inferer.

a Grãde dolorũ ingeniũ est, miserisque venit solertia rebus. Ouid.

Ingenium mala sæpe monent.

Vexatio dat intellectum. Salomon.

De-là vient que les vieillards qui ont le cerueau sec ont ordinairement plus d'entendement & sont plus sages que les jeunes, les pauures aussi a cause de la necessité qui les trauaille, & par consequent leur desseiche le cerueau, preualent le plus souuent en entendement & prudence *a*.

Deux sortes de prudẽce, l'vne venãt de L'entendement, & l'autre de l'imagination.

I'entends de la prudence qui prouient de l'entendement (y en ayant vne autre de laquelle nous parlerons cy apres qui procede de la force de l'imagination:) Celle-cy de laquelle nous parlons a present est pesante & lente a cause d'vn long discours: & ratiocination qu'il faut faire auant resoudre, procede meurement & sur fondemens solides, est meslée de deffiance, & de froideur, & est bonne pour negocier auec toutes sortes de gens.

Façon de traicter auec ceux qui preualent en entendement.

Or ces esprits ne s'arrestans pas ordinairement à l'authorité d'autruy en leur conceptions & recerches, mais voulans d'eux mesmes examiner les fondamẽtales & premieres maximes par leurs discours & ratiocination particuliere: il les faut payer de raison, & non pas s'amuser a les vouloir persuader par l'authorité & credit d'autruy.

Mœurs de ceux qui preualent en entendement.

Quand au reste de leurs mœurs & façons de faire, elles tiennent le plus souuent de la simplicité innocence, humilité, misericorde, douceur, & en la plus part de leurs actions sont fort moderees.

Capacité

Du temperamment chaud vint l'imagination: & comme la chaleur est la qualité la plus actiue de toutes les quatre, aussi l'imagination est plus actiue que les autres facultez : toutesfois comme il y a plusiers degrez de chaleur, aussi la force de l'imagination est diverse.

de l'imagition d'ou provient.

Le vray Imaginatif est ordinairement grand parleur, incontinent, arrogant, presomptueux & vain, la chaleur luy representant plusieurs especes en l'imagination desquelles pour se contenter il choysit tantost l'vne & tantost l'autre. Et ceste mesme chaleur faisant boüillir l'humidité, excite plusieurs vapeurs au cerueau, qui causent la presomption & la vanité : lesquelles empeschent que l'entendement en puisse voir ny choysir la verité, qui est son principal effect : de façon qu'en tels esprits rarement se rencontre la prudence de laquelle nous avons parlé. Mais bien vne certaine pointe de chaleur qui les iette a quelque invétion d'expedient, avec vne prevoyance de l'avenir, que l'imagination leur represente consistant principalement ceste prudence en desfaictes, qui ne reüssissent gueres qu'en negoçiát avec gens de semblables humeur : si ce n'est ez choses qui gisent en prompte execution, car en celles-là l'imagination prevault.

Mœurs de ceux qui prevalent en imagination.

Et advient ordinairement que telz esprits s'addõnent plutost au mal qu'au bien, pour ce que la chaleur leur donne Impetuosité au vice & invention de finesses pour paruenir à leurs desseins.

De-là vient que la fortune le plus souvent est du costé des meschans, a pource qu'estans plus imaginatifs que les bons, plus aigus en leurs inventions, plus hardis, inconsiderez & moins retenus en l'execution, toutes choses par la celerité & vivacité de poursuites leur succedent mieux.

a Οἱ υἱοὶ τοῦ αἰῶνος τούτου φρονιμώτεροι ὑπὲρ τοὺς υἱοὺς τοῦ φωτὸς εἰς τὴν γενεὰν τὴν ἑαυτῶν εἰσιν. Luc. 16.

Or comme nous auons dict que les pauures se trouuēt ordinairement plus propres aux operatiōs de l'Entendement, que de l'Imagination, aussi pouuons-nous dire que les riches sont plus propres aux operations de l'imagination que de l'entendement: d'autant (à ce que disent les Naturalistes) que ceux-cy par la bonne chere qu'ilz font deuiennent sanguins, & par consequent chauds & humides & de temperamment contraire à la seicheresse.

Capacité de la memoire d'où prouient.

La memoire a pour partage l'humidité du cerueau, d'ou vient que les enfans & jeunes gens ont plus de memoire que les vieux: & qu'apres auoir dormy le matin l'on a meilleure memoire que le soir, pource que le dormir humecte le cerueau, comme la veille le desseiche.

Mœurs de ceux qui preualent en memoire.

Parmy ceste sorte d'esprits il ne se trouue pas gueres moins de vanité & d'ostentation que parmy les Imaginatifs; toutesfois manquās dauantage de discours & ratiocination ilz se laissent plus aysement aller à l'authorité, credit & exemple d'autruy, que ne font les autres.

Or comme le Temperamment ne consiste pas en vne seule qualité, mais au meslange des quatre. Aussi encores qu'ez operations de l'esprit l'on recognoisse vne des trois facultez preualoir en certaines persōnes, si faut-il pour rendre l'esprit capable qu'il ayt parellement les deux autres, sinon en pareil degré au moins auec quelque force suffisante pour agir.

En quel degré l'entédement. L'Imagination & la memoire se peuuent rencontrer ensemble.

L'Entendement & la memoire ne se peuuent en façon quelconque trouuer en mesme degré pource que le sec & l'humide ne se peuuent imaginer en aucun subiect auec pareille force.

De-là nous pouuons conclure que qui aura grand

entendement aura peu de memoire, & au contraire quiconque aura bonne memoire aura peu d'entendement.

Semblablement ou l'humilité abonde, la chaleur ne peut estre grande, pource que la chaleur en fin consommeroit l'humidité : & par cõsequent la memoire ne peut estre grande en ceux qui ont le cerueau chaud au troisiesme degré, comme ont les vrays imaginatifs.

Car si bien ilz se resouuienent de quelque chose, ce n'est pas en eux tant vn effect de la memoire, qui est vne faculté seulement passiue pour receuoir, & non actiue; qu'vn effect de l'imagination qui a quelque part en la reminiscence.

Telles gens aussi n'ont pas grand entendement. Car encores que ceste chaleur produise seicheresse au cerueau, neantmoins pource que c'est vne seicheresse forcee qui desseiche les parties plus delicates du cerueau, & ne laisse que les plus grossieres & terrestres, elle ne peut produire les effects de l'entédement telz que la seicheresse naturelle.

De là advient que les Poëtes & les grands parleurs, qui possedent ceste sorte d'imagination ne sont pas ordinairement bien sages. Mœurs des imaginatifs au troisiesme degré.

Car ceste promptitude & soudaineté que la chaleur produit en ceste sorte d'esprits, laquelle pour vn temps les faict admirer, est non seulement contraire aux operations de l'entendement, qui requierent du temps & du loysir, mais aussi est vne grande propension & disposition à la folie.

De ceux-cy se doibt entendre ce qu'Aristote dict qu'il n'y a point de grand esprit sans quelque meslange de folie *a*. Et à la verité c'est miracle d'en trouuer vn bien reglé & moderé.

a Nullum magnum.

Nous conclurons donc que l'imagination & l'entendement en ce degré de chaleur ne se peuvét rencontrer ensemble en mesme subiect; d'où vient que ceux qui preualent en entendement ne reüssissent pas ordinairement bons Poëtes & grands parleurs: & ceux de ce temperamment qui sont rendus maistres en ce mestier ont eu besoin d'eschauffer leur imagination les vns par le vin, *a* les autres par l'amour, & aucuns sont deuenus Poëtes par indignation *b* & colere.

Ingenium sine mixtura dementiæ. Senec. a *Ennius ipse pater nunquam nisi potus ad arma prosiluit dicenda.* b *Si natura negat facit indignatio versum.*

Ez autres degrez de chaleur l'imagination se peut trouver avec l'entendement & la memoire : mais ceux qui seront au second auront moins de memoire, plus d'entendement & meilleure imagination, sçauront trouver & iuger ce qui est plus vtile, inventer astuces, finesses, & expediens pour traicter affaires, preuoir l'avenir, & gouverner autruy.

Mœurs des Imaginatifs au second degré.

Telles gens seront ordinairement coleres, adustes, & a cause de cela inégaux en leurs humeurs, tantost la chaleur, tantost la seicheresse, & tantost la froideur faisans leurs effects en eux.

Au premier & plus bas degré de chaleur l'Imagination s'accorde avec la memoire, la chaleur n'estant si excessiue qu'elle puisse consommer l'humidité. Ceux qui apprennent aysement à peindre, & a bien escrire tiennent de ce temperamment: comme aussi ceux que l'on voit d'ailleurs estre fort curieux de proprieté, netteté, elegance, & autres petites curiositez qui plaisent a l'œil.

Mœurs des Imaginatifz au dernier degré.

Il y a de la vanité & de l'arrogance ordinairemét en telles gens, neantmoins n'ayans pas grand entendement ils se conduisent plus par l'authorité & credit d'autruy que par la raison : cecy suffira pour recognoistre la capacité naturelle d'vn Esprit.

Venons à l'Acquise. Ceste Capacité s'acquiert ou par les Siences ou par l'Experience: & pour estre telle que l'on la peut desirer il faut qu'elle soit jointe a la Naturelle: c'est à dire que la faculté d'esprit laquelle preuaut en nous, soit propre pour la science a laquelle nous nous voulons addonner.

De la Capacité de l'esprit Acquise.

Car des Sciences les vnes ont besoin d'entendement plus que les autres, aucunes ont besoin d'vne plus vifue Imagination, & les autres requierent principalement la Memoire.

Par les Sciences.

La Theologie Scolastique, Theorie de Medecine, Dialectique, Philosophie Naturelle & Morale, Pratique de Iurisprudence, c'est à dire iuger & consulter ont besoin d'entendement.

Pour apprendre les langues, la Theodorique de la Iurisprudence, la Theologie positiue, la Cosmographie & Arithmetique il faut preualoir en Memoire.

Quand à l'Imagination tout ce qui consiste en figure, netteté, proprieté, correspondance, proportion, harmonie, & ordre en depend & par consequent la Poësie, l'Eloquence, la Musique, les Mathematiques, Astrologie, Practique de Medecine, Politique, Art militaire, Peinture, Mechanique, Architecture & Negociation. Et cecy toutesfois en diuers degrez, lesquels se recognoistront selon que chasque profession a plus ou moins affaire de l'entendement ou de la memoire.

Par l'experience.

L'Experience consistant principalement en la resouuenance des exemples, & de ce que l'on a veu, faict, ou entendu, a besoin de l'Imagination & de la Memoire principalement: toutesfois les exemples ne se rapportans en toutes les circonstáces qui se peuuent presenter, si l'on en veut tirer quelque consequence, & s'en seruir, au choix & iugement l'on aura plus besoin d'entendement que d'aucune autre faculté.

6\. De la difference des Incapacités des espritz. Causes de l'Incapacité de l'Esprit.

Par les differences de la Capacité des Espritz l'on peut aysement recognoistre celles qui se retrouuent en l'Incapacité. Toutesfois pource que nos deffaux sont en plus grand nombre que les auantages lesquels nous pouuons obtenir, soit de la nature, soit par nostre industrie, nous en traicterons separemēt afin que par les differences de l'Incapacité nous recognoissions encores mieux celles de la Capacité.

Foiblesse de l'esprit venant du Temparāment.

L'Incapacité de l'esprit prouient de plusieurs causes dont les principales sont la Foiblesse d'esprit, & la Preocupation.

La Foiblesse de l'esprit procede ou de la Nature ou de l'ignorance.

De la Nature, si le temperamment du cerueau est contraire ou mal propre à l'operation des facultez de l'Esprit, ou qu'il produise quelque desreiglement en leurs functions.

Chaud. Froid. De l'Inconstance ez opinions.

Le cerueau trop chaud ou trop froid produict l'Inconstance és opinions : mais en ce dernier le mouuement est tardif & l'esprit pesant en ses sens & conceptions tousiours accompaigné de Crainte: & l'Inconstance en ceste sorte d'Espritz se tourne aysement en irresolution sans execution le plus souuent, trouuant ordinairement meilleur le conseil dont le temps de l'execution est passé.

L'Inconstance qui prouient de l'excez de la chaleur est causee de diuers expediens que l'imagination represente à l'esprit, & du defaut de pouuoir iuger & choysir le meilleur a cause de la promptitude qui accompaigne ceste qualité actiue.

I'ay dict cy-deuant que la presomption & la vanité se rencontrent ordinairement avec les temperamens propres a l'imagination & a la memoire. Mais la presomption est plus ordinaire en celuy de l'imagination & la vanité en celuy de la memoire: & toutes deux sont contraires aux operations de l'entendement & du iugement.

De la presomption.

Car le propre de la vanité est d'estimer les choses par la monstre, l'esclat, & la parade, & non par leur vray estre: faire compte des actions qui se font auec bruit, des esteincelles qui se font l'entement, froidement, sourdement, & doucement, préferer l'art à la Nature, l'acquis au naturel, l'extraordinaire a l'ordinaire.

De la vanité.

Aussy ces espritz se payent le plus souuent de fumée, de vent, de fard, & de faulse monnoye qu'ilz prisent plus que la bonne & loyale, ayantz plus d'esgard au cours qu'a la bonté interieure: c'est pourquoy il les faudra servir selon leur goust. Et la curiosité estant souuēt produite par la vanité il les faudra entretenir dés choses curieuses, & qui leur plaisent quoy qu'inutiles.

Façon de traicter auec des vains.

Quant a la Presomption elle est encores incompatible avec le iugement: car elle faict que l'esprit preferant sa suffisance & ses inventions a celles d'autruy ne croit que ce qu'il entend, estime imposible ce qu'il n'entend pas, ramenant tout à sa crance, à son opinion, & a sa portée sans autrement l'examiner. Ce sont les deffaux plus ordinaires qui se trouuent en ces esprits là.

Foiblesse d'Esprit provient du Cerveau.

Ceux dont le cerveau abonde par trop en humidité éveuse & coulante (y en ayant vne onctueuse & aërée) apprennent & oublient-tost, ont les sens assoupiz, & les mouvemens tardifs.

Humide & chaud. Si le Cerueau est humide & chaud avec excez les conceptions seront grossieres & basses : s'il est froid & sec, en la jeunesse elles seront plus éleveés que l'ordinaire de l'aage ne le permet: mais plus l'on ira en avant, plus l'esprit deuiendra mousse.

Car ce qui rend l'esprit plus vif en ce bas aage est la chaleur naturelle qui est encores en sa force, laquelle vieillit & diminuë plus nous allons en avant.

Froid & Humide. Que si le Cerveau est froid & humide les sens seront obtenus & tardifz.

L'incapacité de ces sortes d'Esprits. L'ordinaire de ces sortes d'esprits est d'examiner vne action plustost par le pretexte que par la cause n'estans capables de penetrer iusques là : Iuger des conseilz par les évenemens plustost que par la raison, ne prẽdre des affaires que l'escorce sans en examiner la suitte & l'importãce mesmes si elle est esloignée.

Foiblesse d'esprit provenant d'ignorãce. La foiblesse que l'ignorance produit en nos esprits est de deux sortes.

Deux sortes d'ignorance. L'vne Presomptueuse. L'vne est ordinairement accompagnée de presomption qui cause en nous vn mespris & vn desdain de tout ce que l'on nous propose : & ceste-cy est la vraye Ignorance mere d'opiniastreté, contention & contradiction, & incapable de pouuoir estre changée : c'est pourquoy par vn mesme moyen l'on se peut vanger & s'entretenir de telles gens les laissans en leurs erreurs. Et ordinairemẽt tels presomptueux font beau ieu à ceux qui veulent entreprendre sur eux, dequoy Seian prist avantage pour se deffaire de Drusus. a

a *Gnarus praeferocem & insidiis magis opportunum.* Tacit.

L'autre Simple. Quant à l'autre sorte d'Ignorance qui est plus simple & plus innocente, ell' est ordinairement accompagnée d'admiration & d'estonnement, & par la docilité peut estre instruicte & changée, accompaignant la raison de l'authorité laquelle peut souvent beaucoup a l'endroit de telz esprits.

Passons aux Preoccupations qui peuvent causer en nous quelque Incapacité.

Incapacité d'esprit provenât de la preoccupatiõ de quelque opinion.

Les opinions contraires à la verité desquelles l'esprit peut estre proccupé viennent, ou de la persuasion de quelque particulier, ou de la coustume ou des Passions desquelles la volonté peut estre saisie.

Opinion venant de la persuasion d'vn particulier

Le particulier nous peut imprimer vne opinion contre la verité, ou par le credit & authorité qu'il a enuers nous, ou pour estre le premier a nous donner ceste impression.

Le premier est tesmoignage de facilité, & le second de trop de promptitude; laquelle n'estant pas ordinairement accompagnée de iugement, faute de pouvoir iuger la verité, demeure & s'arreste aux premieres impressions, c'est pourquoy le plus seur est de prévenir ces espritz-là, & empescher que d'autre les preuiennent.

† Opiniõ venãt de la Nourriture, ou conversation particuliere.

† Les opinions que la coustume nous imprime viennent ou d'vne nourriture & conversation particuliere ou d'vne coustume generale. Il est bien certain que celuy qui aura esté nourry sedentaire tiendra d'autres opinions, que ceux qui ont vescu vne vie tumultuaire. Et pour ne sçauoir faire ceste difference l'on se mocqua de Musonius Philosophe qui preschoit la paix parlant aux soldatz de Valens. *a*

a Miscuerat se legatis Musonius Rufus equestris ordinis studium philosophia & placita Stoicorum amplexatus coeperat, atque permixtus manipulis bona pacis ac belli discrimina disserens, armatos monere id plerisque ludibrio, pluri-

Chasque profession & vacation a ses opinions particulieres non seulement pource qui concerne la vacation, mais aucunesfois pour les choses mesmes qui qui sont commune aux vns & aux autres.

Pource il faut que l'homme de Court soit informé non seulement des opinions de la Court, mais aussy de celles des particuliers avec lesquelz il doibt

bus talio, nec derrant qui propellerent, procul carentque ni admonitu modestissimi cuiusque & aliis, minitantibus obmisisset intempestiuam sapientiam. Tacit. hist. lib 5.

traicter afin selon cela de se pouvoir gouverner & conduire, ce qu'il apprendra non seulement de leurs actions & discours : mais aussi de la nourriture & conuersation en laquelle ceux-là ont esté élevez : estant certain que nous reüssissons ordinairemẽt semblables a ceux avec lesquels nous conversons.

Opinion venãt d'estimation commune des choses Selõ l'approbation vniuerselle.

2. Quant aux opinions qui sont appuyées sur l'estimation que le commun faict des choses, elles combattent avec bien plus d'authorité & de force en nostre esprit pour renverser la verité non seulement par ceste approbation vniuerselle a laquelle personne n'ose s'opposer : mais aussy par la rareté ou abondance, absence ou presence assiduelle : difficulté ou facilité, nouveauté, estrangeté ou accoustumance de certaines choses desquelles le prix hausse ou baisse selon qu'il plaist a l'usage.

Selon la Rareté.

Ainsy par la Rareté plusieurs choses peu vtiles sont prisees comme sont les diamans & perles : & par la mesme raison ceux qui ont en eux quelque qualité rare bien qu'invtile sont plus prisez que les autres.

L'abondance.

Au contraire l'abondance nous faict desestimer ce dont nous avons foyson quoy qu'il soit, non seulement vtile mais aussi necessaire.

l'Absence.

Semblablement l'Absence d'vne chose nous la faict plus estimer en l'Imagination qu'en la realité, soit avant que l'avoir, soit apres l'avoir perdue : & sa

Presence.

presence faict que nous la mesestimons a cause de la satieté que la iouyssance ordinairement engendre en nous.

Difficulté.

La Difficulté aussy nous faict priser les choses plus qu'elles ne valent pourueu que l'acquisition n'en soit

Facilité.

jugée du tout impossible : & la Facilité nous les faict mesestimer comme ordinaires sans avoir esgard à leur bonté ou valeur naturelle.

Et pareillement la nouveauté & estrangeté nous faict condamner certaines choses comme estans inutiles, & en d'autres y admirans la rareté (comme nous avons dict) elle nous les faict par trop priser. Nouveauté ou Estrangeté.

Au contraire l'Accoustumance faict que nous mesestimons certaines choses pour estre trop ordinaires, & quelquesfois nous en faict estimer d'autres plus qu'elles ne valent. Accoustumance.

Quant a la Preoccupation des Passions ce n'est que trop souvent qu'elles esbloüyssent & quelquesfoys aveuglent du tout nostre entendement. Comme l'amour preste des beautez à l'obiect qu'il embrasse lesquelles ne sont recogneuës par les autres qui ne sont aveuglez de ceste Passion, ainsi la hayne s'imagine des laideurs & horreurs extraordinaires en l'objet qu'elle hayt. De la Preoccupatiõ des Passions.

La Ioye faict tant de cas de l'obiect qui l'agite qu'elle ne s'en peut taire, a & quelquesfois en devient si vaine & si babillarde qu'elle faict assez recognoistre que l'esprit est hors de son assiette & s'en rend ridicule.

a *Lætitia loquax res est atque ostentatrix sui.* Symmachus.

La tristesse au contraire est muëtte & abbatuë, affoiblissant tellement l'esprit que de la le proverbe est venu qu'aux esclaves & miserables Dieu a osté la moitié de l'entendement.

Pour le regard des changemens que la crainte, la colere, & les autres passions font en nostre esprit chascun non seulement les cognoist, mais les ressent ordinairement en soy : dequoy ayant a parler cy apres ie me contenteray pour le present de ce que i'en ay apporté, pour monstrer l'empeschement qu'elles donnent aux functions de l'esprit, quoy que d'ailleurs capable, & les differences & diversitez qu'elles produisent non seulement ez volontez (comme nous disons,) mais aussi ez esprits des hommes.

De la volonté. Venons donc a la Volonté qui donne le bransle a l'esprit, lequel de soy est comme indifferent à toutes sortes d'objects.

Differen-ce des Volõtez d'où provient. Les Differences de Volonté prouiennent où de la diuersité des obiects qui se presentent a elle, ou de la diuersité de ses mouvemens.

Differen-ce des Esprits de la Volonté. Les obiects sont infiniz mais tous sont apprehendez par la volonté ou comme biens, ou comme maux. Comme biens la volonté les suyt, comme maux elle les fuyt : d'où proviennent les deux principaux mouvemens l'un en avant & l'autre en arriere.

Conside-ration du bien & du mal. Le bien & le mal en ce subiect ne se doibvent pas considerer selon l'opinion des philosophes, ny mesmes selon l'opinion commune, mais selon l'opinion particuliere de la personne de laquelle nous voulons recognoistre la volonté, afin selon icelle de nous reigler en ce que nous avons a faire, principal effect de l'accortise.

Car en certaines personnes la consideration de l'honneur sera plus que la consideration des richesses & en d'autres l'esperance de la iouyssance de quelque plaisir aura plus de force, que l'esperance, ny de l'honneur, ny du proffit.

Les discours & les actions de la personne nous monstreront assez les principales inclinations qu'elle peut avoir plus a vn object qu'a vn autre, si nous les voulons espier & considerer soigneusement.

Mais si nous avons a traicter quelque affaire particuliere il faut regarder ce que ceste personne là peut principalement desirer ou craindre au subiect qui se presente, encores que peut estre il n'y ait rien a craindre au desir pour elle. Car en cela il se fault gouveruer selon l'opinion d'autruy ; & non selon la nostre, voyla pour les objectz.

Ez mouvemens de la volonté il faut considerer non seulement leurs diuersitez & leurs differences, mais aussi l'vsage de ceste cognoissance pour s'en prevaloir accortement és occasions qui se peuvent presenter.

Des mouvemens de la volõté.

La diversité des mouuemens de nostre volonté vient de la diverse façon que l'obiect est par nous apprehendé. Car le bien consideré comme tel simplement fera naistre vn agréement de l'object que nous appellons Amour ou Amitié: s'il est present en l'acquisition naistra la Ioye, en l'usage Iouyssance, Contentement & plaisir: s'il est a venir le mouvement s'appelera Desir. Que si nous cerchons les moyens d'obtenir les jugeans possibles nous entrerons en Esperance, si impossibles, en Desespoir.

D'où provient diversité des Mouvemens.
Amour ou Amitié.
Ioye, Cõtentemẽt & Plaisir.
Desir.
Espérãce.
Desespoir

Le mal consideré comme tel simplement engendrera seulement en nous la Hayne: laquelle en la fuite du mal s'appellera Horreur : s'il prouient de l'absence du bien qui nous manque, la Tristesse naistra en nous, si de la presence du mal mesme Douleur & Facherie: s'il touche l'honneur & reputation, & en l'acte naistra la Pudeur, apres l'acte la Honte.

Hayne.
Horreur.
Tristesse.
Douleur.
Pudeur.
Honte.

Si le mal est a venir, ce sera Crainte, & s'il tend a l'extinction de nostre nature ou pour nuire a nostre estre ce sera Peur : si pour le mal passé ce sera Repentance ; si pour le mal d'autruy & de quelqu'un que nous aymions, Pitié & Compassion.

Crainte.
Peur.
Repétance.
Compassion.

Que nous pensons venir a bout de ce mal comme interieur a noz forces, la Confiance nous asseurera ; le courage ou la Hardiesse nous poussera a en-

Hardiesse.

treprendre.

Colere. Courroux

Que si le mal reçeu porte en soy quelque mespris ou de nous, ou de nos amys lors le ressentiment excitera en nous la Colere laquelle si ell'est courte s'appellera Courroux.

Envie. Ialouzie.

Quelquefois le bien d'autruy nous est mal, & le mal d'autruy nous est bien selon l'affection à la personne a laquelle il arriue, comme celuy qui aduient à nos concurrens ou ennemis, d'ou vient l'Envie; & le bien que nous desirons pour nous seulement, sans sans le vouloir communiquer a autruy, si vn autre y participe nous le reputons à mal pour nous, d'ou procede la Ialouzie.

Indignation. Emulatiõ.

Que si nous nous faschons du bien d'autruy à cause que nous l'en estimons indigne, de la naistra l'Indignation: si pource que nous le desirons pour nous, ce sera Emulation.

Voyla les principaux mouuemens de nostre volontè d'ou l'on peut recueillir en combien de sortes le bien & le mal se represénteront à nous.

Trois vsages de la cognoissance des mouvemens de la volonté.

Toutesfois pour l'usage & pour s'en servir au subiet qui se presente il faut passer plus avant en la cognoissance de ces mouvemens de laquelle l'vsage consiste principalement a recercher les moyés ou de les reueiller en autruy, mais aussi en nous: ou bien par la complaisance, de nous accommoder a ceux d'autruy (s'il est necessaire de les seconder.)

Premier vsage de celle cognoissãce est de réveiller ces mouvemens en autruy selon le b...

Pour resueiller ces mouuemens en autruy la cognoissance de trois choses est necessaire: à sçauoir de la suite de ces mouvemens en la production les uns des autres: des causes plus vniuerselles qui peuvent exciter chasque mouvement ou au moins les principaux desquels les autres dependent: & des inclina-

tions

tions ou dispositions des personnes qui panchent plus vers l'une de ces affections que vers les autres.

Suite de ces mouvemens en la production les vns des autres.

Pour venir donc à la suite il faut sçauoir que tout obiect est consideré ou simplement comme bien ou mal, ou bien est consideré avec intention d'obtenir l'un, comme bien, & de se garantir de l'autre comme mal.

Mouvemens de la partie Cōcuspicible.

Les mouvemens qui sont produits de la premiere consideration se font (à ce que disent les Naturalistes) premierement au foye siege de faculté qu'ilz appellent concupiscible: & ce par le moyen des esprits qui sont au sang, d'ou procedent les mouvemens de toutes les facultez.

Mouvemens de la partie Irascible.

Et ceux qui sont produits par la seconde consideration naissent au cœur, siege de la faculté qu'il appellent Irascible, & selon cette distinctiō l'on separe en deux, tous les mouvemens de nostre volonté.

Ceux de la volonté concuspicible s'estendent plus loing que ceux de l'irascible. Car aucuns de ceux-là se meuvent sans s'arrester a l'obiect, comme faict le desir, & les autres s'y arrestent, comme la ioye.

Mais nul des mouvemens de l'irascible ne s'arreste a l'obiect.

Ordre & suite des mouvemēs de la volōté distinguez selon l'intention & selon l'executiō.

Or l'arrest ou le repos estans fin du mouvement, est le premier en intention & dernier en execution: c'est pourquoy si nous conferons les mouvemens de l'Irascible avec ceux de la Cōcupiscible lesquelz se reposent & arrestent au bien, il est certain que ceux de l'Irascible procederont en l'ordre de l'execution les mouvemēs de la Concupiscible qui s'arrestent au biē, & ainsi l'esperance precedera la ioye.

Mais le mouuement de la Concupiscible qui s'arreste au mal sera au milieu de deux mouuemens de l'Irascible, & ainsi la fascherie suyvra la crainte & precedera la colere.

Quant aux mouvemens de la Concupiscible lesquels ne s'arrestent ny au bien ny au mal estans conferez auec ceux de l'Irascible, ils vont les premiers, ceux de l'Irascible, adioustans la consideration de la difficulté, qu'il y a d'obtenir le bien, ou eviter le mal par dessus ceux de la Concupiscible : ainsi l'esperãce adiouste quelque effort par dessus le desir, & la Crainte adiouste la lascheté, & auilissement de courage à l'apprehension ou horreur du mal.

De-là nous pouvons conclure que les mouvemens de l'Irascible sont entre ceux de la Concupiscible, lesquels ne s'arrestent a l'obiect, & ceux qui s'y arrestent; estans precedez de ceux-là & suyvis de ceux-cy.

Ordre des mouvemẽs de la Concupiscible entre eux.

Quant a l'ordre des mouvemens de la Concupiscible entre eux, il doibt estre aussi diuersement consideré, ou selon l'intention, ou selon l'execution en l'obiect du bien, ce qui naist le premier en nous est vne certaine complaisance & agréemẽt de l'obiect apres le desir se forme, qui est un mouvement au bien, & le dernier poinct, est l'acquest qui cause la joye & le plaisir.

Selon l'intention le plaisir marche le premier pour lequel nous desirons le bien, & du desir vient l'Amour & l'agréement.

Or l'appetit & le desir du bien estant causes que l'on fuyt le mal, l'obiect du bien va deuant l'obiect du mal : & partant les mouvemens ou passions qui regardent l'obiect du bien precedent en intention celles qui regardent l'obiect du mal & cecy a lieu tant ez mouuemens de l'irascible que de la Concupiscible.

Ordres des passions entre eux.

L'ordre donc des passions selõ qu'elles se produisent l'vne l'autre, est cestuy-cy : l'amour, le desir, l'Esperance, la Hardiesse, la joye. Et au contraire la Hayne, la fuite ou horreur, la crainte, la colere, le desespoir, la tristesse.

Ainsi la ioye & la Tristesse sont les deux passions esquelles les autres se terminent : l'Esperance & la crainte, la colere & desespoir sont celles esquelles reside le plus violent mouuement de la volonté esbranslée par l'amour & le desir du bien, ou par la hayne & horreur du mal.

Ie laisse a parler des autres passions d'autant qu'elles n'ont point d'ordre entr'elle : mais selon que l'vne ou l'autre de celles-cy se mesle parmy elles, selon cela elles precedent ou suyvent.

8. Des causes des passiõs.

Venons donc aux causes plus ordinaires par lesquelles ces passions se peuuent exciter, & commēçons par celles qui ont pour obiect le bien.

Causes de l'Amour.

L'Amour, le desir, & la ioye ont le bien pour obiect commun, mais celuy qui ayme le considere particulierement comme obiect lequel se peut vnir a luy.

Or l'union ne pouvant proceder qu'ez choses sēblables sinõ en tous poincts au moins en quelqu'un qui soit considerable, comme la similitude ou ressemblance est de deux sortes, aussi ceste affection se propose tantost l'vne & tantost l'autre selon la rencontre des subiects.

Car ce en quoy deux personnes conviennent est, ou actuellement & en effect en ces deux personnes comme semblables humeurs, & conformité de volontez, & de la vient la vraye amitié : ou est en effect en l'une, & en l'autre n'y est que par desir & par inclination & de la naist l'Amour ou l'Amitié d'interest qui a pour principal fondement l'amour de soy-mesme, sur lequel presque toutes les amitiez de ce monde mesmes celles de la Court sont basties.

Amour de cõformité.

A la premiere sorte d'Amitié se raportent toutes celles qui sont fondees sur les parentez, alliãces, familiaritez, conversation, cõformitez de mœurs, les volontez, de professions: si ce n'est que ceste derniere soit traversee par l'envie ou l'emulation, desquelles se rencontrẽt ordinairement entre-gens de mesme mestier. Semblablement l'on y peut rapporter l'amitié de ceux ausquelz le bien & le mal sont communs: & de ceux qui sont de mesme aage, ou de mesme pays, entre ceux qui sont d'un autre, & bref tous ceux qui se rapportẽt en quelque point considerable lequel les separe & distingue d'avec plusieurs autres. A cause de cette conformité & similitude, la douceur, la complaisance, l'obeïssance, & tout ce qui y peut servir nous peut concilier ceste amitié.

Amour ou Amitié d'interest.

L'autre sorte d'Amitié ayant pour fondement l'amour de soy-mesme, l'on ne peut reveiller ceste affection en l'esprit de personne que par son interest.

De ceste amitié le pauvre ayme le riche pour s'enrichir, & le riche le pauvre pour s'en servir ou en estre honoré: nous aymons de mesmes ceux lesquels nous ont faict, ou peuvent faire plaisir, ou a ceux que nous cherissons.

Puis donc que l'interest est la principale cause de ceste amitié il faudra rechercher celuy qui a plus de force envers la personne en laquelle nous voulons reveiller ceste affection comme envers un auaritieux le gain, envers un ambitieux l'honneur, & envers vn ieune voluptueux le plaisir, [illegible] furant son iterest selon la necessité, & si sa necessité selon les desirs.

Causes de Desirs.

Cela trouvé, il sera facile de reveiller le desir & la ioye : car le desir naist de deux principales causes, la premiere est la cognoissance du bien en l'obiect qui luy est proposé, laquelle l'amour luy donne telle qu'il l'a reçeuë, & l'autre est l'absence de ce bien.

Cecy toutesfois ne suffiroit pas pour exciter un grand mouvement en quelqu'un s'il n'en iugeoit possible l'acquisition, de façon qu'il y faudra adiouster les moyens par lesquelz l'esperance se peut reveiller qui sont de plusiers sortes.

Causes de l'esperance.

Car tout ce qui peut rendre une personne puissãte comme richesse, force, authorité, credit, amis, parens, & autres telles choses: ou ce qui peut servir a nostre dessein, nous peut donner esperance d'en venir a bout, si nous recognoissons que cest avantage soit en nous.

L'experiance aussi en la chose que nous voulons faire peut fortifier nostre Esperance, premierement pource qu'ayant fait ou veu faire une chose nous sommes plus propres a la faire que si nous ne l'avions iamais veuë : secondement pource qu'elle nous faict croire que ceste chose est possible.

De-là vient que l'exemple de semblable chose dont un autre sera venu a bout servira aussi a reveiller en nous l'esperance de pouvoir obtenir ce que nous desirons.

Force de l'esperance.

Ce mouvement est celuy qui nous ayde d'avantage en toutes sortes d'affaires, & dict Lucian que l'Esperãce & la Crainte sont les deux tyrans *a*, c'est à dire les deux plus puissants mouvemens qui nous agitent. Car l'opinion que nous avons qu'un affaire est difficile reveille nostre attention, & l'opinion

a ῥαδίως κατειόντων τὸν τῶν ἀνθρώπων βίον ὑπὸ δυοῖν τούτοιν

μοχϑεῖν πεῤ ραιν μόνον, Ἐλπίδος ἢ φόϐου Lucia. Pseudom.

qu'elle est possible faict que nous nous efforçons d'en venir about.

Et d'avantage l'esperance rendant l'avenir present en nostre imagination, & faict naistre la ioye en l'esprit, lequel en cest estat est plus libre, & plus clair voyant pour inventer & s'aviser de plusieurs moyen, affin de parvenir a son dessein, que s'il estoit en tristesse ou fascherie.

Causes de la Confiance.

Or l'esperance ayant iugé possibles les moyens d'obtenir le bien, faict naistre en nous la Confiance pour passer à la Hardiesse.

Car si la Confiance demeuroit aux simples termes d'asseurance ce seroit plustost repos que mouvement, mais elle est icy considerée pour vn passage de l'esperance a la Hardiesse, & est celle qui nous faict iuger possible les moyens d'eviter les empeschemens & les traverses que l'on peut prévoir en ce que nous desirons.

Ce mouvemens naist principalement en nous quand nous nous imaginõs que les choses qui nous peuvent garantir & sauver son proches ou en nostre puissance, & ce qui peut nuire en est éloigné ou de lieu, ou de temps, ou d'occasion, ou de volonté.

Et selon la qualité de l'affaire, pour ce dernier nous nous fondons en la consideratiõ ou de nostre puissance, ou de nostre innocence & instice de nos deportemens, ou de la preud'homie & naturel de ceux, la puissãce desquelz nous avons subject de redoubter s'ilz sont gens de bien, respectueux, modestes, Amis, s'ils esperent quelqu'avantage de nous, ou bien s'ils nous redoubtent.

La Confiance vient aussi quand les choses que nous voulons faire, sont utiles ou a plus grand nõbre de personnes, ou a gens de plus grande qualité & puissance que ne sont ceux ausquels elles peuvent nuyre.

N'auoir point esprouvé de mal-heur & ne le cognoistre nous peut aussi rédre plus asseurez, le peu de compte que nos inferieurs font de ce mal, l'opinion d'estre assistez de quelque faveur divine, les persuasions & prieres d'autruy peuvent servir a mesme effect.

Ceste confiance formee l'on passe a donner le dernier bransle & sécousse à la volonté pour entreprendre ce qu'elle desire par le moyẽ de la Hardiesse, laquelle est produite par deux moyens; Asçauoir par les choses qui peuvent resveiller l'esperance, comme nostre propre force, force, experiẽce, puissance, & assistance d'autruy, & autres avantages desquels nous avons parlé cy dessus: Et par les choses qui peuvent exclure la Crainte, qui consistent ou en l'esloignement de ce qui peut nuyre, ou en l'empeschement ou remede que l'on luy peut apporter

Causes de la Hardiesse.

Ayans esté conduis par ces mouvemens à l'acquisition du bien, la Ioye naistra en nous qui n'est pas tant un mouvement, que fin de mouvement, ayant esgard a l'execution ou commencement de mouvement si l'on regarde l'intention.

Causes de la Ioye.

Pour la former deux choses sont necessaires, la Cognoissance du bien acquis & la Ioüyssance. La premiere, pource que plusieurs biens sont possedez par aucuns qui ne les recognoissans pour telz ne s'en resioüyssent point.

Quant a la Ioüyssance elle presuppose Presence réelle, ou bien Imaginaire, telle que le Desir, l'Esperance *a*, & la Memoire *b*, nous faict voir.

Iouyssance presuppose Presence reelle ou imaginaire.

Car encores que le Desir & l'Esperance soyent de l'advenir, & la Memoire du passé: toutesfois l'Imagination nous rend presentes les choses absentes, d'où vient que la Ioye, & la Tristesse accompaignent ordinairement le Desir, & l'Esperance.

a Ἐλπὶς ... Achil. Stat. lib. 5. amorū Leucip.

Et encores qu'entre toutes les sortes de Ioye, celle que la Presence reelle du bien produit en nous semble debvoir estre la plus grande, comme la mieux fondée; toutesfois pour la nonchalance que nous apportons souvent à gouster le bien que nous possedons; & au contraire nous representans les choses que nous n'avons pas plus grandes en nostre Imagination, qu'elles ne sont en effect: il advient que la Ioye que produisent le Desir & l'Esperance, est souuent plus grande: mesmement en l'Esperance, qui non seulement comprend & anticipe le bié par l'Apprehension, mais aussi par la possibilité de l'obtenir.

b Ἡμῖν ... Synæsius Olympio.

Autant en pouvons-nous dire du Mal, lequel se rend present a nous non seulement quand il nous arrive, mais aussi quand nous l'anticipons par la Crainte: ou que passé nous le rappellons par nostre Souvenance, d'ou provient Tristesse & Fascherie,

Ainsi donc au defaut de la Presence reelle du Bien ou du Mal, nous pourrons reveiller ces passions par leur presence imaginaire non seulement avec autant de force, mais quelquefois avec plus d'effect.

De ceux qui sōt plus disposez aux mouvemens qui sont meus par obiect du bien.

Or pour recognoistre ceux qui sont plus disposez a recevoir ces impressions, oultre ce que la cognoissance des obiectz qui leur pourrōt estre plus agreables nous en enseignera, faut sçavoir que les naturelz doux, affables, courtois, humbles, non mesdisans ny querelleux se trouveront plus susceptibles de ces passions: comme aussi ceux qui ayment les plaisirs,

plaisirs, ieux, passe-temps, ou d'estre honorez, respectez, & caressez: ceux pareillement qui seront pitoyables, secourables, serviables, aymans les compagnies, non solitaires, opiniastres, dissimulez, trompeurs, irreconciliables, vindicatifz ou presomptueux : les vains toutesfois qui ne seront accompaignez de presomption, pour estre honorez & caressez, seront aysement induitz a aymer.

Mais particulierement pour l'Esperance, la Confiance, & la Hardiesse, ceux s'y laisseront aller plus aysement, qui sont plus courageux, plus ardentz, & plus actifz : comme pareillement ceux qui auront bonne opinion de leur suffisance, credit, authorité, puissance, moyens, & experience, & ceux qui auront tousiours esté heureux, lesquelz seront aysez à persuader ou à cause de leur facilité, ou à cause de leur ignorance & inexperience.

Semblablement les ieunes gens, les folz, les estourdis pour l'inconsideration & precipitation qui accompaigne ces humeurs-là: & ceux qui sont eschauffez du vin pour la chaleur & multiplication des esprits qui les rend aussy precipitez & inconsiderez. Cecy suffise pour les passions qui ont pour obiect le Bien.

Des mouvemens de la Volonté qui ont le mal pour obiect.

Si de la cognoissance d'vn contraire il est aysé de cognoistre l'autre, il nous sera aysé cognoissant les causes de l'Amour, du Desir, de l'Esperance, Confiance, Hardiesse, & de la Ioye, cognoistre celles de la Haine, de l'Horreur, ou fuitte du Mal, de la Crainte, Deffiance, Desespoir, & de la Tristesse estant certain que comme la Conformité d'humeurs, ou la consideration de l'Vtilité lie les hommes ensemble par l'Amitié, aussy de la Contrarieté d'humeurs, ou de la consideration du Dommage n'aist la Hayne & l'Inimitié.

Pourquoy nous sommes plus sensibles au Mal qu'au Bien.

Il y a toutesfois ceste difference que les passions qui ont pour obiect le Mal, sont plus fortes que celles qui ont pour obiect le Bien : non que le mouvement en soit plus violent, mais pource que le Mal estant contraire à nostre nature, il se faict plus vifuement sentir que le Bien, lequel y est semblable & conforme : la raison de l'Antipathie voulãt que deux contraires se piquent, & se facent sentir davantage à l'opposition l'vn de l'autre.

Ce qui est semblable est plus difficile a discerner a noz sens que ce qui est contraire: le blanc sur le blanc est plus difficile a discerner que ne seroit le noir sur le blanc; ainsy le Bien est plus difficile a discerner d'avec le Bien qu'il n'est d'auec le Mal.

En la confusion de plusieurs choses, celles qui sont semblables se recognoissent moins les unes d'avec les autres: mais au meslange des choses diverses ou contraires en qualité ou substance, la diversité ou contrarieté s'y recognoist incontinent.

C'est pourquoy le Bien s'unissant a nostre nature nous n'en tenons compte, estimans que nous n'avons que ce que nous debvons avoir : mais le Mal y survenant, pource que nostre nature luy est contraire, elle demeure tousiours en contraste, qui n'est autre chose que le ressentiment du Mal.

De là vient que nous oublions aysement le Bien que l'on nous faict, & difficilement nous oublions le Mal. a

Or comme de la cognoissance du Mal naist la Hayne que nous luy portons, aussy de la Hayne naist l'Horreur ou la fuitte du Mal, laquelle ne se peut imaginer sans estre accompaignée de Crainte, non plus que le Desir sans l'Esperance, quoy qu'ilz

a *Altius iniuriæ quam merita descendunt.* Senec.

apprehendent l'obiect diversement. C'est pourquoy les causes de Crainte, nous enseigneront les causes de la Fuitte ou Horreur du Mal desquelles voicy les plus ordinaires.

Causes de la Hayne. Horreur.

Toutes choses qui peuvent nuyre nous font craindre. Les signes mesmes des choses nuysibles comme de la mort, de la tempeste & autres choses nous font peur, pource que le signe nous monstre que la chose n'est pas esloignée.

Crainte.

Or entre les choses qui nous espouvantent, l'Inimitié & la Cholere de ceux qui ont quelque puissance sont des premieres: comme de ceux qui sont puissans en valeur, hardiesse, richesse, amys, suitte, bien dire, authorité, credit, pource que le vouloir cõioinct avec le pouvoir de mal faire nous faict croire que le mal est proche. L'Iniustice accompagnée de force est a craindre pour la mesme raison: comme aussy la valeur outragée & offencée joincte à la force est formidable, car l'iniure reçeuë luy faict venir la Volonté de s'en vanger, & la force luy en donne le moyen. Semblablement la Crainte & deffiance des plus puissans est a redoubter, car ils desirent s'asseurer par toutes voyes.

Mais entre ceux que nous avons offencez, ou qui se deffient de nous, ou qui sont ialoux ou envieux de nostre bien, ceux sont principalement a craindre qui filent doux, ne disent mot & dissimulent leurs iniures, & leurs desseins: pource que nous ne pouvons descouvrir quand ilz sont sur le point de la vengeance, ou de faire quelque chose a nostre preiudice. *a*

a Ira quæ tegitur nocet, professa perdunt odia, Vindicta locum. Nam ij sunt inimici pessimi, fronte hilaro, corde tristi, quos neque ut apprehendas, neque ut mittas, sciat.

L'on doibt aussy craindre d'avoir sa vie, ses biens, ses honneurs, & sa personne en la puissance & discretion d'autruy: d'ou vient que ceux qui sçavent quelque chose de mal en nous, sont grandement a craindre pour l'apprehension que l'on doibt avoir d'estre descouuerts par eux ou par envie, hayne, ialousie, lascheté ou esperance de profit.

Cecilius apud Gell.

Disposition aux mouvemens qui ont pour obiect le Mal.

Quant a la disposition requise pour recevoir ces passions, nous iugerons aysement ceux qui sont disposez a hayr, parce que nous avons dict de ceux qui sont disposez a aymer.

De ceux qui sont disposez à la Crainte.

Mais pour le regard de la Crainte, il est certain que ceux qui ne croyent pas qu'aucun malheur leur puisse arriver, ne s'esbranlent pas aysement par ceste passion, car la Crainte ne peut estre sans l'imagination & attente du mal. C'est pourquoy ceux qui ont tousiours esté heureux, & ceux qui sont puissans en moyens, amis, credit & force ou authorité, estimans que tout leur doibt reüssir & flechir soubz eux, n'entrent pas ordinairement en Crainte.

Ceux aussy qui ont perdu toute esperance de bien ayans long temps pâty & esté en affliction comme accoustumez au mal ne le craignent plus.

C'est vn remede pour ne point craindre que de ne point esperer, dict Senecque. Car il faut qu'en ceux qui craignent, il y ayt quelque reste d'esperance de bien pour lequel ilz soyent en anxieté.

De la vient que ceux qui craignent sont promptz & diligens a se conseiller. Or ne delibere l'on pas des choses desquelles l'on a perdu toute esperance.

De tout ce que dessus l'on peut conclurre que ceux sont disposez à la Crainte, qui pensent pouvoir recevoir quelque mal, & qui recognoissent en eux quelque foiblesse pour y resister comme la pluspart des vieillards, les pauures abandonnez de secours, d'amys, & de moyens, ou de basse condition, de peu de credit d'authorité, mesprisez ou hays, enviez ou suspectz de vice, ou pour estre quelquesfois trop vaillans, ou pour avoir trop de credit envers le peuple: ce seul soupçon ou deffiance ayant faict courir mauvaise fortune a plusieurs grands personnages.

L'vsage de ce mouvement est frequent & ordinairement l'on s'en sert en deux façons. L'une pour faire perdre l'Esperance de ce que l'on pouvoit desirer. Et en ce cas il faut exaggerer le mal, & les empeschemẽs que l'on peut remonstrer en la suitte de ce que l'on desire, sans descouurir les remedes ou expediens qui en puissent faciliter l'Acquisition. Vsage de la Crainte. Pour faire perdre l'Esperance.

L'autre pour resveiller la Preuovance: & en ce cas estant necessaire que la Crainte soit mediocre, il faut avec les difficultez y apporter les moyens de les surmonter: en quoy la Crainte en cest estat fait plus d'effect que l'Esperance. Pource que l'Esperance presuppose le bien se pouvoir obtenir, & la Crainte est du mal qui difficilement se peut eviter, partant en celle-cy, comme regardant le plus difficile, l'esprit se bande d'avantage qu'en l'autre. Reveiller la preuoyãce.

La Crainte est suyvie de Deffiance: & la Deffiance cognoissant ne pouvoir éviter le mal, ou ne pouvoir obtenir le bien que l'on desire (la privation du bien estant apprehendé par nostre volonté comme mal) elle se tourne en desespoir: & le Desespoir, passe en Tristesse & Faschefie: qui est grande ou petite selon que l'importance de l'obiect est iugée par l'entendement faisant ceste passion plusieurs divers effects en nous. Deffiance. Desespoir. Tristesse.

Car aucunesfoys elle est fin de mouvement s'arrestant a la consideration du mal, comme la Ioye est repos au bien: & aucunesfois elle resueille en nous plusieurs autres mouvemẽs desquels les principaux & plus ordinaires sont la Colere, la Honte, la Com- Diverses passions.

naisſãtes en partie de la Triſteſſe. paſſion, l'envie, la Ialouſie, l'Indignation, & l'Emulation, leſquels ſont produits partie de la Faſcherie, & partie de la rencontre de diuerſes conſiderations qui ſe remarquent en vn meſme obiect.

10. De la Colere. La Colere ſe forme en nous par la rencontre de pluſieurs paſſions. Car commençant par la Faſcherie & Triſteſſe d'vne iniure reçeuë, elle eſt accompaignée de la Hayne contre celuy qui nous a offenſé, avec vn deſir de nous en vanger, lequel eſt conioinct avec l'eſperance d'en venir a bout: pource que le deſir & l'Eſperance ſont de choſes poſſibles, bien qu'en icelles il y ayt quelque difficulté. Car ſi nous eſtimions la Vengeance impoſſible ce mouvement demeureroit aux termes de Hayne & de Triſteſſe.

Paſſions qui concurrent en la Colere. Haine. Deſir. Eſperance. plaiſir.

Or l'Eſperance nous repreſentant la vengeance en l'imagination, nous ſommes incontinent ſaiſis de Plaiſir & de contentement: lequel la Colere recerchee pour ſe delivrer de la Triſteſſe, comme eſtant le ſeul remede pour ſe diſpoſer a la ioye chaſcun prenant plaiſir de penſer à ce qu'il deſire.

Que ſi la Vengeance eſtoit preſente, le Plaiſir & le contentement ſeroit parfaict, pource qu'il chaſſeroit du tout la Triſteſſe, & appaiſeroit le mouvement de la Colere.

Contraires obiects en la Colere. Ainſi ceſte paſſion a deux contraires obiects, à ſçavoir la Vengeance, & celuy duquel l'on ſe veut vanger. La Vengeance eſt conſiderée comme bien & deſiree comme tel: d'ou vient qu'eſtant faicte, nous nous en reſiouyſſons. Celuy duquel nous nous voulons vanger eſt conſideré comme mal qui nous eſt nuyſible.

Cauſes de la colere. Quant à la cauſe de la Colere l'on en met ordinaiment deux. L'vne eſt le peu de compte que l'on monſtre faire de nous, ſoit par iniure, affront, ou autre ſorte de Mespris. L'autre l'Empeschement & l'opposition que l'on nous donne a obtenir ou faire ce que nous desirons. Ce qu'aucuns comprennent souz ce mesme nom de Mespris, comme aussi de se resiouyr de nostre mal, nous mettre en oubly, & autres semblables façons de faire.

Mespris.

L'iniure se mesure selon l'opinion que nous auons de l'iniustice du mespris, de faço͂ que si nous estimo͂s l'iniustice grande l'iniure nous picquera dauantage. Ainsi le Mespris ou empeschement faict a vn grand auquel est de plus de respect, estant plus iniuste, excitera plus de Colere: co͂me pareillement en vn homme de bien le tort que l'on luy aura faict: *a*

Empesche-meut.

a Grauissima est probi hominis iracu͂dia. Publ.

Par ceste mesme raison nous nous mettons plus en Colere d'estre mesprisez en ce en quoy nous pensons exceller qu'en ce en quoy nous n'excellons point, estimans ce mespris plus iniuste.

Dispositio͂ a la colere.

De là vie͂t que les orguielleux, vains & presompteux, bref tous ceux qui ont bonne opinion d'eux mesmes pour quelque avantage que ce soit, entrent plus aysement en Colere: l'iniure estant d'autant plus gra͂de en leur imagination, qu'ils ont meilleure opinon d'eux-mesme.

Il est bien vray que nous ne laissons pas aussi de nous fascher d'estre mesprisez pour les defaux qui sont en nous. Mais c'est pource que les deffaux de soy cause en nous de la Foiblesse ou de la Tristesse desquelles celle cy nous dispose à la Colere: d'ou vient que nous y entrons aysement contre ceux qui nous apportent de facheuses nouvelles, Et celle-là nous rend plus sensibles aux iniures, & de la vient que peu de chose met en colere les enfans, les viellards, les femmes & les malades *a* comme aussi ceux qui sont ja esbranslez du desir, d'amour, de soup-

a Prudenter dicunt iram nasci ex mollitie mentis, co͂suetum id afferentes argumento probabili quod iracundiores sunt inclumibus languidi & foeminae, maribus & iuvenibus, senes, & felicibus erumnosi. Ammian. Marcell. 7.

çon, ou de crainte, comme n'ayans la tenuë assez ferme pour resister à ce mouuement. Et ceste passion dure plus ez esprits rudes & sauvages, qu'en ceux qui sont plus poliz & plus ciuilizez *a*.

La Honte est vn espece de crainte qui regarde le deshonneur, mais quelquefois la fascherie & aucunefois la Colere se meslent par dedans. Elle se meut en nous par la presence actuelle ou imaginaire des actions honteuses ou deshonnestes & indecentes, tant passées, presentes, qu'avenir: soit qu'elles proviennent de nous, ou de ceux qui nous touchent de parenté, ou lesquels pour quelque autre subiet nous affectionnons.

Mais les flatteries & loüanges de nous dictes en nostre presence, devant qui, lors, & ou elles ne doivent estre dictes, peuvent aussi nous faire rougir, & esmouvoir en nous ceste affection: semblablement le reproche d'vn plaisir qui nous a esté faict, estre repris d'vne faute, la confesser & en demander pardon ne participer aux biens qui sont communs a nos inferieurs ou egaux: estre necessiteux, & inferieur a quelqu'vn, nous rend honteux devant celuy là: servir ceux que nous avõs veu noz Inferieurs ou égaux seruir en choses basses; & abiectes: estre descheu d'vne plus grande fortune nous rend pareillement honteux mesmes en la presence de ceux qui nous y ont veu. La honte prouenant le plus souvent de la presence & qualité de ceux deuant lesquels nous nous presentons; Comme devant ceux lesquels nous respectons & admirons, ou ceux qui concurrent d'honneur avec nous, qui remarquent noz actions ou sont ordinaires d'en mesdire. Car envers ceux qui ne peuvent rapporter noz actions, comme les enfans, ou

envers

Ὁ μέγις ἀγαπῶν δι᾽ ἐλάχις ὀργίζεται. Menander apud Stob.

a *In cultis asperisque regionibus diutas nives hærent, ast vbi ea aratro domo facta tellus mitet, dum loqueris levis pruina delabitur similiter in spectoribus ira concidit, feras, quidem mentes obsidet, eruditas prælabitur.* Petronius Arbit.

envers ceux qui ne le voudroyent comme noz Amis, ou qui ne l'oseroyent, comme, noz serviteurs, nous ne nous esmouvons pas ordinairement de ceste façon.

Nous sommes aussy Honteux devant ceux qui nous sont obligez sans leur en avoir sçeu gré, leur presēce nous reprochāt nostre ingratitude. Dispositiō à la Honte.

De ce que dessus nous cōclurōs que tous ceux qui sont jaloux de leur honneur, qui pēsent ou desirent estre en bōne opinion, ceux aussy qui ont receu quelque affront, ou qui sont en quelqu'estat & condition contēptible, sont disposez à recevoir en eux ce mouvemēt, lequel se diversifie toutesfois cōme tous les autres selō le tēps, le lieu, les personnes & autres cōditions & circōstances qui se rencontrent ez action des hōmes.

La cōpassion est esmeuë par la fascherie que nous prenons du mal d'autruy. Mais pour exciter ceste fascherie, il faut ou que l'amour envers l'affligé, ou l'opinion que l'affligé souffre iniustement, precedent. Car si nous ne l'aymions, ou s'il estoit par nous estimé meschant à l'egal du mal qu'il souffre, nous ne le plaindriōs pas. Causes de la Compassion.

Toutesfois il y a des rencontres, esquelles la condition de nostre nature, ensemble la puissāce & inconstance de la fortune, peuvent sans autre consideration exciter en nous ce mouvemēt nous faisant craindre de voir en nous mesmes le mal que nous voyons avenir à autruy.

Ce qui advient quand nous estimons ce mal n'estre esloigné de nous, ny aussi en estre si proche qu'il nous touche Car en dernier cas au lieu de pēser au mal d'autruy nous pēseriōs au nostre, & au lieu de cōpassiō, la crainte se formeroit en nous.

C'eſt la raiſon pour laquelle nous n'entrõs pas en ce mouvemẽt pour les perſonnes incognuës: pource qu'elles ſont trop éloignées de noſtre cõſideratiõ ny pour les perſonnes ſi proches que leur mal & le noſtre ne ſoiẽt qu'vn. Mais pour celles qui ſont entre ces deux extremes & que nous cognoiſſõs d'vne cognoiſſãce ordinaire & cõmune. De ce que nous avons dit de la conſideratiõ de noſtre nature & de l'inconſtance de la fortune, l'on peut cõclure que deux ſortes de perſonnes ſont ordinairement peu pitoyables, à ſçavoir celles qui ſont reduites en extreme neceſsité & miſere, leſquelles tant s'en faut quelles ayẽt pitié des autres, qu'elles conſolẽt leur miſere par celle d'autruy, eſtãt (cõme l'on dit) l'ordinaire cõſolation des miſerables d'avoir des ſẽblables: & celles qui croyẽt eſtre élevées ſi haut qu'elles eſtimẽt eſtre aſſeurées cõtre toutes ſortes d'evenemẽs de la fortune, leſquelles au lieu d'entrer en cõpaſsion des affligez s'en mocquẽt & aucunesfois vſent d'inſolence envers eux.

Diſpoſitiõ à la Compaſſion.

Au contraire donc ceux ſerõt diſpoſez à la cõpaſsion qui craindrõt le mal, l'auront reſenti autresfois, en ſeront ſortis avec difficulté & peril: & par conſequent les vieux qui ont plus d'experience de la foibleſſe des choſes humaines, & ceux qui ſe recognoiſtront foibles des forces, de moyens, de credit, de nobleſſe d'amis & de parens. Et bref ceux qui auront plus de crainte & cognoiſſance du mal, ſe laiſſeront plus ayſemẽt emporter à ce mouvement,

Ce qui peut accroiſtre la Compaſſion.

Or entre les maux ceux qui nous peuvent plus eſmouvoir a Pitié, ſont ceux qui ſont accompaignez d'affliction de corps, ou de faſcherie d'esprit, & lesquels nous aviennent non par nostre faulte, mais (comme nous croyons) par la malice de la fortune, ou de noz ennemis.

Et comme ces maux croissent par les circonstances aussi faict la compassion, comme si en l'affliction on est abandonné des siens, privé de ses moyens, offencé sans subiect, par ennemis puissan ou cruelz, si l'on depend de ses ennemis, & autres semblables particularitez qui accompagnent ordinairement les malheureux.

Mais non seulement le mal present, mais aussy l'avenir s'il est proche nous esmeut à pitié: comme semblablement le passé, s'il n'est trop esloigné de temps ou que la souvenance en soit encor fraische De la vient que la representation des gestes, de la voix, de l'habit & contenãce des affligez nous esmeuuent d'avantage: pour ce que par ces signes exterieurs le mal qui les afflige est faict present en nostre imagination. Ez quatre passions qui suyuent, la hayne & la fascherie y sont meslees: & en quelques vnes d'icelles, comme en la Ialouzie, l'Amour y a aussi quelque part.

Causes de l'Envie.

L'envie naist quand nous nous faschons du bien d'autruy sans autre consideration sinon que nous desirerions qu'il n'eust ce bien.

Et encores qu'il n'y ait point de cause d'inimitié precedẽte, neãtmoins elle ne se peut pas imaginer sans hayne, ou mauvaise & maligne volonté, ny mesme sans vne colere a sourde, laquelle ne s'estẽd propremẽt que contre ceux que nous croyõs n'estre pas plus que nous, ou estre nos inferieurs en quelque condition, sinon en toutes, & contre ceux qui nous sont cogneuz & non trop esloignez.

a Invidia tacite sed minuté nascitur. Publ.

Car nous n'enuions pas les biens d'vn homme

qui nous ſera incogneu, qui ſera aux Indes, ſ'il n'a eſté noſtre cōpaignō ou inferieur, & que meſme nous ayons eu quelque ſujet de contētiō auec luy.

Ainſi donc celuyqui de tout temps eſt eſleué bien hault au deſſus de nous, ne ſera envié de nous: Mais bien celuy qui ayant eſté noſtre égal eſt deuenu grand en peu de temps & celuy qui poſſede ce qui nous ſeroit propre, & auquel la fortune a rendu quelque choſe de plus facile qu'à nous encores qu'il fut noſtre parent. *b*,

b Τὸ συγγενὲς γὰρ καὶ φθονεῖν ἐπίσταται. Ariſtot.

Diſpoſitiō à l'Enuie.

Par ſemblable raiſon ceux ſeront diſpoſez à l'envie qui auront des égaux ou inferieurs, leſquels entreront en concurrence de quelque choſe avec eux. Et ſe voit ordinairement que ceux ſont plus envieux, auxquelz manquent ſeulement quelques biens, & qui ſont en quelque proſperité: eſtimans qu'ayans pluſieurs auantages ils doibuent encores avoir celuy qui leur defaut.

Ceux auſſi qui ſont deſireux d'honneur & de reputation, ſon ordinairement plus envieux que ceux qui ſont moins ambitieux, eſtimans que la reputation d'autruy diminue la leur. Voila pour l'envie.

Cauſe de l'Indignation.

En l'indignation l'on ſe faſche du bien d'autruy pour conſideration de la perſonne qui le poſſede, laquelle nous eſtimons en eſtre indigne: & eſt ce mouvement meſlé de faſcherie, hayne, envie, & colere.

Or les biens qui eſmeuvent en nous ceſte affection, ſont ceux de la fortune & du corps: comme richeſſe, nobleſſe, amis, honneur, puiſſance, grandeur, ſanté, force, beauté, & autres ſemblables: & non ceux de l'eſprit, pource que nous ne pouuons pas dire qu'vn hōme eſt indigne d'eſtre iuſte, vers tueux ou sçavant. & la fascherie que nous en pourrions prendre pour ce regard se doit apeller enuie.

L'indignation naist aussi quand sans industrie, ou par moyens sales & des-honnestes l'on acquiert quelque bien. D'où vient que les prōptz & inopinez avācementz d'autruy nous font entrer en ce mouvemēt, cōme chose que l'on n'a pas meritée par la peine & le travail. Et generalement tout passage d'vne basse à vne plus grāde fortune esmeut ces trois pasſions, envie Indignation, & emulatiō.

Au contraire l'accoustumance de voir vn homme en vn mesme estat nous faict estimer qu'il le merite ; le temps nous rendant la possession de toutes choses legitime: & comme en vne prescription, il nous semble que ceux possedent le leur, qui ont possedé longuement.

Les grands aussy ausquelz l'on egale de petitz compaignons en quelque avantage que ce soit, sont esmeuz a Indignation, estimans par ce moyen que leur condition est avilie.

L'inexperiēce en la charge en laquele quelqu'vn est avancé nous pousse aussy a ceste pasſion, pource qu'il faut que les avantages ou charges que l'on veut donner a quelqu'vn soient proportionnées a sa capacité & a sa condition, toutes sortes de biēs n'estans pas conuenables a toutes sortes de personnes: comme le commandement d'vne armée a vn homme d'autre profession que de guerre, quoy que grand & plein de merite d'ailleurs.

Les gens de bien & vertueux sont aussi dispofez a ceste passion, pour ce que haissantz les choses iniustes, ilz ne peuuent voir les indignes posseder les biens. Et vniuersellement ceux qui pensent meriter quelque chose, voyans estre accordé quelque

Dispositiō à l'indignation.

avãtage a vn qui leur est inferieur en suffisãce, qualité ou autre condition, s'indignẽt aysemẽt : cõme au contraire les gens vilz, abiectz, & servilz de peu d'esprit, se recognoissans telz ne s'esmouvẽt point de ceste façon, ne pouvãs reprocher aux autres les defaux qu'ilz recognoissent en eux mesmes.

Causes de l'Emulation.

L'Emulation semble estre une espece d'Envie, & toutesfois elle est fort differẽte, Car l'Envie se fasche du bien d'autruy, non tant pour l'amour de soymesme, que pour quelque malignité ou hayne qui accompagne ceste passion.

Mais l'Emulation ne se fasche pas tant du bien d'autruy comme estant possedé par autruy, que pour ce qu'elle ne possede pas ce biẽ la mesme, qui est cause qu'aucune fois elle excite en nous une infinité de vertueuses operatiõs pour acquerir ce biẽ.

Dispositiõ a l'Emulation.

C'est pourquoy nous voyons ordinairemẽt ceux disposez à ceste passion qui ont le courage hault, & sont accompaignez de belles & grandes qualitez, comme de suffisance, richesse, credit, amis, dignitez & aultres propres pour effectuer quelque chose de grand : pource que telles personnes estiment debvoir posseder ce qui est seant & conuenable aux gens de bien, de façon que le voyant en autruy ilz s'emeuvent & font ce qu'ilz peuuent pour l'acquerir.

Les Ieunes geus aussi sont fort disposez a ceste Passion, & ceux qui descendent de gens Nobles, honorez & prisez: estimans que cest honneur doit estre continué en eux, & que comme leur estant propre il leur dobit estre rendu.

Comme se forme l'Emulation.

On pour former en l'esprit l'Emulation, il fault outre l'amour de soymesme avoir la cognoissãce des biẽs que l'on desire, lesquelz en ce mouvemẽt regardent principalement l'honneur & le profit,

Pour les desirer il faut qu'ilz nousmanquent, & que neantmoins ilz soyent telz que nous ayons opinion de les pouvoir obtenir. Car ceux qui ne les cognoissent pas, qui les ont en abondance, ou qui desesperent de les pouvoir obtenir, n'entreront point en ce mouvement.

La Ialouzie a son principal fondement en l'amour de soy-mesme. Ce qui faict que nous embrassons l'obiect si estroictement que nous n'en voulons faire part a personne, & si quelqu'un y participe, non seulement l'Envie contre celuy la nous travaille, mais aussy la hayne contre l'obiet mesme. Cause de la Ialouzie.

Or ceste passiõ estãt tousiours precedée de soupçon, deffiãce & de crainte, ceux qui se trouverõt disposez a ces mouvemẽs, se trouverõt aussy propres a jetter en Ialouzie du bien qu'ilz posséderõt en leur presentant un ou plusieurs concurrens qui desirent & pourchassent le mesme bien.

Ce sont les Causes & les moyens desquels plus ordinairement l'on se sert pour resveiller ces mouvemens de la volõté selon les circonstances du lieu, du temps, des personnes & des affaires. II. 2. Vsage de la cognoissance des passions, de les moderer en nous & en autruy.

Venõs aux moyens de les Moderer: en quoy j'estime qu'il fault cõmencer par nous mesmes. Car de penser avoir plus de force sur la volõté d'autruy que sur la nostre, il n'y a point d'apparence.

Mais si nous pouvons nous commander a nous mesmes, il n'y a point de doubte que nous ne soiõs capables de regenter tout le monde, & estre maistres des affections d'autruy: pource que ceste Moderation nous donnera loysir d'espier le lieu, le temps, les occasions & les autres avantages necessaires pour venir a bout de nostre dessein. Il sera en Avantage de la Moderatiõ des passions en nous, pour vivre en la Court.

nous defeindre, ployer & differer a nostre ay sese-lon le besoin, marchant tousiours la bride en main faillant d'atteinte nous ne perdrons pour cela con-rage, mais si l'on nous ferme la porte d'vn costé nous chercherons vn autre passage sans tourment ny affliction.

Bref nous nous garatirons de ces aspres & passió-nez mouvemens qui troublent & empeschent la conduite des affaires, nous entrauent, arrestent & font que souvent nous nous donnons la iambe à nous mesmes, produisans en nous la precipitation l'opiniastreté, l'indiscretion, l'aigreur, le soupçon & l'impatience.

Moderatió des passiós par Douceur de Mœurs, ou Force de Courage.

Or ces mouvemens sont moderez soit en nous, soit en autruy ou par Douceur de Mœurs, ou par Force de Courage, ou par Preuoyance, ou par Divertissement.

La Douceur de Mœurs, & la Force de Courage bien que diuerses en soy, souvent toutesfois pro-duisent mesmes effects pour ce regard : & l'une & l'autre est ou Naturelle ou Acquise.

Naturelle.

Quant a la Naturelle, il est bien certain qu'il se trouue des volontez naturellement plus reposées & moderées les vnes que les autres & d'autres plus es-levées au dessus des obiectz, lesquels peuvent ex-citer ces mouvemés en nous: ce qui est cause qu'el-les n'en sont pas esbranslees si aysement, ny auec tant de violence,

Ie ne metz point icy en compte la stupidité ou in-sensibilité, ny l'ignorance, lesquelles nous ostent le ressentiment du bien. comme celuy du mal a. Car il fault approcher plus de la beste que de l'hô-me pour estre de ceste cóplexió. Neámoins pource qu'ó peut prevaloir seló les occasiós de ceste sorte de

a Iners malorum remedium ignorantia. Seneca in Oedip.

de naturelz, il faut cognoistre ceux qui en tiennent quelque chose. Car en la Court, aussi bien qu'en mesnage, toutes pieces y servent, & se mettent en besongne.

Or ceste Douceur de Mœurs, & Force de Courage prouenant de certaines complexions, & entre autres de la sanguine qui est plus esloignée de l'excez, estant entre le flegme qui engendre la stupidité & la bile qui produit la Colere: il faudra pour se maintenir en cest estat éviter de tōber és deux principales intemperatures du sang (qui sont la bile iaune & la melancholie: lesquelles causent en nous plusieurs mouvemens extraordinaires) & temperer le flegme, de peur que par sa froideur il n'assoupisse nos sens.

Ie laisseray toutesfois aux Medecins de prescrire le regime qui y pouvoit estre propre: non seulemēt pour ne point entreprendre sur leur mestier, mais aussi pour la difficulté qui se rencōtreroit a practiquer ce qu'aucuns en ont escrit, & le peu dauantage que l'on en pourroit recevoir.

Quant aux moyens d'acquerir ceste Douceur de Mœurs, & Force de Courage, il y en a trois principaux, la nourriture, l'Experience, & le discours de la raison.

Acquise par

Nourriture.

Estre eslevez & nourris avec personnes moderees ou resoluës à tout, nous donne vn certain ply semblable. La frequente conversation coulāt en nous mesmes opinions & mesmes façons de faire.

Experience.

Semblablemēt l'Experience de plusieurs & diverses rencontres qui sons avenuës a nous ou a d'autres que nous cognoissons, faict que nous nous portōs plus moderement en semblables occurrences.

Et par le discours de la raisō

Mais le discours de la raisō va plus loin & embrasse

cõsistant principalement en la vraye estimatiõ des choses.

toutes sortes de cõsideratiõs desquelles no' rapporterõs icy les principales qui peuvẽt seruir à ce sujet.

La 1. est celle de la vraye estimation des choses mesmes de celles qui peuvent estre apprehendees par nous comme bonnes ou comme mauuaises.

Icy toute la Philosophie s'est amusée pour nous asseurer contre plusieurs choses qui nous esbloüyssent ou nous estõnẽt: mais iusques à presẽt elle a peu gaigné avec le cõmun, & gaigneroit encores moins en la Court, laquelle prend le contre-pied de toutes ses reigles, desquelles comme ie ne conseillerois a personne de se servir envers aucun qu'il ne l'en recogneust capable, de peur de reüssir ou importun, ou ridicule: aussi conseilleroys-ie volontiers a chascun en son particulier pour acquerir ceste Moderation (qui est la partie la pl' necessaire en la Cour & le principal fõdemẽt de l'Accortize) de ne les negliger

Trois principales fautes en l'estimation des chosesbõnes ou mauvaises

Pour en dire quelque chose en passant, il faut sçavoir que nous faillons en plusieurs sortes au jugement & vraye estimation des obiects qui se presentent à nostre volonté.

Premierement interpretant a bien ou mal ce qui est indifferent, ou nous representant le mal ou le biẽ beaucoup plus grand qu'il n'est en effect, ou appellant bien ce qui est mal, & mal ce qui ne l'est pas.

Indifferẽce, remede à la premiere faute.

Quant a la premiere faulte, il est bien certain que la pluspart des choses en ce monde ont 2. anses par lesquelles l'on les peut prendre: par l'une elles semblent griefves & pesãtes, & par l'autre aysées & legeres: il est en nostre choix de les prendre par ou no' voudrons. Il n'y a point de raison à laquelle il ne s'ẽ puisse trouuer quelque autre contraire. a

a Ἀλλ' οἱ λόγοι γέ κατα-

La mort est la plus fascheuse rencontre que nous craignons, Mais si nous considerons la misere de ce monde, cest un affranchiſſement & prompte recepte à tous maux, un port & un abry cõtre toutes les tempeſtes & orages de noſtre vie.

πaλaιſυσιν λόγυς.

Il en eſt de tous les autres obiectz preſque de meſme, il y en a peu qui puiſſent eſtre tenus ſi abſolument pour maux, que l'on n'en puiſſe tirer quelque auantage : ny ſi abſolument pour biens; qui n'ayent quelque inconvenient.

Donc ſi les mouvemens qui ſont reveillez par la conſideration du bien, nous emportent avec trop de violence, il faudra entrer en la conſideration des incommoditez & de avantages qui en peuvent reüſſir: & ceux qui ſeront pouſſez par la conſideration du mal, ſe pourront moderer en leur repreſentant les avantages qu'ilz en pourront recevoir : & ainſi s'exerçant en ceſte Indifference, l'on ſe trouvera aux termes de ceſte Moderation qui nous eſt neceſſaire pour la conduite des affaires. Et ne fault point craindre qu'elle attiediſſe ou rende plus foibles nos pourſuites. Car touſiours noſtre iugement panchera plus d'un coſté que d'autre, mais ce ne ſera pas avec precipitation & inconſideration.

Pour ne point tomber en l'autre faulte laquelle ſe faict en nous repreſentant le mal ou le bien plus grãd qu'il n'eſt: il faut donner loiſir au jugement de le bien conſiderer, & deſpoüiller l'obiet qui nous peut eſmouvoir, de toutes les qualitez & rencõtres, leſquelles nous le peuvent faire ſembler plus grãd.

Le temps & le delay remede a la ſeconde faulte.

Par le Temps l'impetuoſité du mouvement s'affoiblira & donnera lieu à une plus parfaicte cognoiſſance de ce qui nous eſmeut, quand ce ne ſeroit qu'en nous donnant autant de temps qu'il en faudroit pour compter les lettres de l'Alphabet, cõme vn ſage cõſeilloit à Auguſte quãd il ſeroit en colere.

Chacun sçait condamner les iugemens qui se font avec passion, & neantmoins presque tous ceux que nous faisons se font de ceste sorte.

Laissons donc vieillir tellement ce mouvement que nostre esprit retourne en son assiette, puis que tout ce qui se fait avec passion nous doibt estre suspect: & considerons aprez l'obiect nud despouillé de toutes ses circonstances, nous le trouverons tout autre qu'il ne nous a semblé a sa premiere monstre.

Pour exemple la presence du mal a son premier abord nous le fait paroistre plus grand qu'il n'est en verité, d'ou provient la tristesse, laquelle en fin avec le temps se passe. Que si le mal estoit tel en verité, il le seroit aussi bien dans 20. ans qu'a present. Despouillons le donc de ceste circonstance de presence, & reduisons nostre imagination a la verité, nous trouverons que nous ne serons si agitez & travaillez de ce mouvement.

Mais ce n'est pas seulement la circonstance de la presence qui accroist le mal ou le bien en nostre imagination, celle de l'avenir en fait autant. C'est elle qui nous trompe souvent en nos craintes & en noz esperances, ce que nous esperons nous manque, ce que nous craignons s'escoule, & ce que nous n'attendons point nous arrive.

a *Non est paruũ tormẽtum, aduersum aliquãd formidare ventur͂um: dum semper grauius ẽstimatur emergere quod timetur.* Cassiodo.

Plusieurs rencõtres suruiennent qui empeschent ce que nous prevoyons, le foudre se detourne avec le vent d'vn chapeau, & les fortunes des grands en vn petit moment, vn tour de rouë met en hault ce qui estoit en bas, & souvent d'où nous attendons nostre ruine, nous recevons nostre salut.

Il en est de mesme des autres circõstances de rareté, abõdãce, facilité, difficulté, nouveauté, estrãgeré

& accoustumance, lesquelles cy deuant nous avons dict empescher les functions de nostre iugement: & desquelles il faut necessairement despoüiller les obiectz si nous en voulons iuger auec verité, comme aussi nostre esprit de la preocupation des opinions & erreurs populaires.

La troisiesme faute est plus grande que les deux precedentes, quand nous nous persuadons qu'un obiect est bon & utile qui est mauvais & nuisible, & celuy-là estre mauuais & nuisible qui ne l'est point. Cest erreur provient que toutes choses, comme nous auons dict, ont deux anses, & que sans y prendre garde nous les prenons par la premiere qui se rencontre.

Examen des auantages ou desauãtages d'un obiect remede a la troisiesme faute.

Il faut donc auant que de iuger de la qualité d'vn obiect en recognoistre les auantages & desauantages, percer la cõsequence de chascvn, les comparer les vns aux autres: & lors si les auantages surpassent les desavantages non tant en nombre qu'en poids, qualité suite, ou importance, nous le pourrons appeller bon & utile: si au contraire, nous le reiettrons comme mauvais & nuisible.

Pour exemple chascun tient la vengeance pour un grand bien, & comme chose agreable est desiree de tous a cause du contentement qu'elle apporte, lequel toutesfois est beaucoup moindre que ne sõt les fascheries qui nous trauaillent en la recherche que nous faisons des moyens pour en venir a bout.

Ce pensement est un ver qui nous ronge le cœur, nous agite de iour, travaille de nuict, le plus souvẽt en vain: & cependant que nous nous tourmentons nostre ennemy rit, se donne du bon-temps, & lors que nous sommes sur le point de l'execution il aviẽt que pensans luy creuer un œil, nous perdõs tous les deux : la crainte de la iustice, ou d'une pire recharge nous saisissant & nous mettant en peine ou de nous cacher, ou de nous en fuyr.

Si donc l'on balance tout cela auec un contentement de peu de duree & quelques fois bien imaginaire, l'on trouvera qu'il ne contrepoise pas ces fascheries. Ainsi en est-il de plusieurs autres choses.

Quant à ceux qui s'imaginent du mal ou il n'y en a point, ils sont encores en plus grand erreur, quoy qu'ils facent semblant d'estre plus entendus & plus accortz prenans garde a tout, & s'enquerans de tout.

C'est estre trop ingenieux a se tourmenter & s'affliger soy-mesme, que de chercher ce que l'on ne desire pas trouver, & c'est avoir mauvais estomach que de digerer mal les bonnes viandes.

Au contraire il faut chercher en toutes choses la plus douce interpretation & celle qui nous contente le plus, si bië nous nous debvons resoudre au piz.

Celuy-là ne vous a il salué comme il debvoit? N'estimez pas pour cela que ce soit mépris, s'il vous est amy, c'est vne grande familiarité qui en est cause; s'il est vostre inferieur, il n'est a croire qu'il y ait pensé; ou c'est sotise, indiscretion, quoy que ce soit desfault d'autruy par lequel il est rendu plus digne de mespris que vous duquel l'honneur ne doibt pas dependre de telles gens.

Trois desfaux d'ou procedent les mauvaises opinions que nous prenons de nous, & d'autruy.

Ces mauvaises opinions procedent de trois defautz qui sont en nous, foiblesse, credulité, & curiosité, plus nous sommes foibles, plus sommes-nous aysez a esbranler, plus nos mouvemens sont violëtz, estans semblables aux efforts des enfans & des viellards qui courët quand ils pësent cheminer.

Il faut döc se roidir, & reveiller en nous par le discours la cognoissance de ce qui se presente, & fuyr la delicatesse & l'amour des choses qui nous peuvent le plus emouvoir.

Foiblesse.

Croire aussi legerement & nous laisser aller a la premiere opinion que nous prenons d'un homme, ou d'un affaire, ou a la persuasiõ d'autruy nous met en pareille peine, c'est pourquoy il faut fermer les aureilles aux rapports ordinaires en la Court, avoir recours au temps, & se donner loysir de voir si la suite des actions correspondra au commencement ou a ce que l'on nous en dict.

Credulité. Curiosité.

Semblablement la curiosité, en la recherche de ce qui nous peut offenser & facher, estant prevenue d'vne mauvaise opinion, & accompaignee de mesfiance, nous faict interpreter a mal toutes les actions d'autruy.

Nous fuyrons donc ces deux derniers deffaux & nous fortifierons contre le premier & mesmes en ce qui regarde les personnes nous nous representerõs devant les yeux les imperfections ordinaires des hommes.

Chacun cloche d'vn pied, c'est beaucoup quand l'on ne cloche point de tous deux : & si nous voulons nous rendre moderez envers les fautes d'autruy, examinons par le menu nos actions & lors y en recognoissans d'autres non moins defectueuses & peut estre semblables, prestõs aux faultes d'autruy les excuses que nous apportons aux nostres. Voyla comment nous nous debvons comporter en l'estimation des choses.

Considetation de nostre pouvoir seruant à nostre discours pour moderer nos passions.

L'autre consideration qui nous peut seruir pour moderer nos passions, est la cognoissance de ce que nous pouvons, bornant nos desirs & nos esperances a choses certaines, proches, & aysees, & nous accoustumant a la facilité & simplicité. mere de paix &

de repos. Nous ne sommes trompez en nos desirs & esperances que par vne faulse opinion que nous prenons d'en pouvoir venir a bout: que si nous examinons par le menu iusques ou nostre pouvoir peut aller, nous n'entassetions point desirs sur desirs a.

Or ce pouuoir ne consiste pas seulement en l'authorité, credit, mais, capacité ou autres semblables moyens par lesquels nous pouvons obtenir ce que nous desirons, mais aussi en la disposition de nostre volonté, pour souffrir & endurer ce qui est ordinaire en telles poursuittes.

Vous vous iettez a la Court pour avoir richesses honneurs, authorité ou puissance: vous y avez de grandes entrees, force amis, plusieurs belles parties qui peuvent vous rendre recommandable: mais ce n'est pas assez: il faut sçavoir si vous estes disposé de flatter les grands & quelques fois des valetz faire la court a vn portier apres qu'il vous aura faict long-temps cõpter les chevilles d'vne porte, souffrir d'estre calomnié & endurer de iniures sans oser vous plaindre, s'accommoder aux voluptez & passions d'autruy. Car c'est a ce prix & avec ceste mõnoye que ceste denree s'achepte.

Espluchez donc toutes ces circonstances, sondez vostre pouvoir, pesez ceste monnoye & considerez si la marchandise la vaut: peut estre iugerez vous qu'il faut marcher en ceste foyre avec plus de retenuë & de moderation que plusieurs ne font.

Il en est de mesmes de toutes les autres affaires, il faut mesurer ses forces avec les difficultez, & sans se flatter. Car, c'est vne surprise ordinaire qui se coule en nous insensiblement & ne pouvãs ce que nous voulons accommoder nostre volonté a ce que nous pouvons

a Ante omnia necesse est seipsum æstimare quia fere plus nobis videmur posse quam possumus. Æstimanda sunt deinde ipsa quæ aggredimur & vires nostræ cum illis quæ tentaturi sumus comparandæ, Seneca de Tranquil.

b Dulcis inexpertis cultura potentis amici. Expertus metuit. Horat.

a Quoniã non potest id fieri quod vis id velis quod possis. Terent 32.

pouuons *a*. Cecy suffise pour les moyens plus communs, lesquels se peuvent tirer du discours de la raison pour moderer les passions.

Venons aux moyens desquels les plus foibles se servent qui sont la prevoyance & le divertissement.

Le premier effect de la prevoyance, est de ce deffaire des causes & occasions qui peuuẽt exciter en nous quelque mouvement desreiglé, & ainsi luy coupper le chemin & fermer toutes les avenuës.

Toutes choses sont en leur naissãce foibles & tẽdres, & est bien plus aysé de repousser & fermer le premier pas à ces mouvemẽs, que s'y porter bien & reglẽmẽt.

Ainsi celuy qui aura accoustumé de se piquer au jeu se gardera de joüer, celuy qui sera prompt & colere fuyra les altercations contentieuses; celuy qui aymera ou hayra quelque object, ne se presentera deuant luy, mais au contraire s'en esloignera.

Le second effect de la preuoyance, sera de prevoir le bien ou le mal qui se peut rencontrer en vn affaire, non seulement pour l'examiner par le menu en toutes ses circonstances, mais aussi pour se tenir sur ses gardes, l'attendant de pied coy en repos & en silence, & sans agitation exterieure qui souvent redouble les mouvemens de l'esprit & les rends plus violens.

Le troisiesme effect, sera de detourner ou traverser le mal que nous prevoyons devoir tomber sur nous: ou si nous ne le pouuons, c'est de faire que par l'accoustumance de le nous representer en l'imagination nous le receuions auec moins de facherie estant certains que les coups preueuz font moins de mal.

Quant au diuertissement, c'est vn moyen duquel

Prevoyãce. Second moyẽ pour moderer les passions.

1. Effect de la prevoyãce est de fuïr les causes & occasions d'entrer en ces mouuemens.

2. Effect de la prevoyãce est, de se preparer a ce que l'on prevoit devoir avenir & l'attendre de pied coy.

Nam qui hæc audita à docto meminissem viro, Futuras mecum commẽtabar miserias. Aut mortem acerbam: Aut exilij mæstam fugam: Aut semper aliquã molem meditabar mali. Vt si qua Invecta diritas casu foret: Nemo imparatum cura laceraret repens. Euripid. apud Cicer. in Tuscul.

3. Effect de la prevoyance est de detourner le mal preveu, ou par l'imagination ce le familiariser.

l'on ſe ſert en toutes paſſions, & comme vn clou chaſſe l'autre, ainſi vne paſſion en chaſſe vn'autre, & en cela l'on ſe peut porter en deux diuerſes façons.

Diuertiſſement. 2. moyen ſeruant à la moderation des paſſiõs.

Car ou l'on diuertit l'eſprit qui eſt eſmeu, en propoſant vn autre obje&t à ceſte meſme paſſion, qui l'agite: comme ſi à celuy qui eſt amoureux d'vne femme l'on luy en preſente vne autre plus aymable: ou à celuy qui pourſuit vne affaire par des moyens qui ne nous agréent pas, nous luy en propoſons de plus faciles.

Ou bien l'on diuertit l'eſprit d'vne paſſion à vne autre, ou contraire, ou diuerſe: comme quand en vn ambitieux l'on modere les eſperances qu'il a d'enjamber & monter plus haut, par la crainte de deſchoir du degré auquel il eſt, qui eſt vne ruſe laquelle a ſouuent eſté practiquée par pluſieurs Princes enuers leurs plus grands fauoris.

Semblablement auſſi quand à vn homme qui eſt en triſteſſe nous preſentons quelque choſe qui le puiſſe reſiouyr: à vn qui craint, des moyens pour l'aſſeurer, & à vn qui nous hayt des preuues de noſtre amitié, pour l'attirer a nous aymer.

13. Mais en cecy il faut prendre garde que l'obje&t auquel nous voulons attirer l'eſprit, ſoit plus fort en l'imagination que celuy duquel il eſt ſaiſy.

†3. Vſage de la cognoiſſance des paſſiõs pour la Compliſance.

Et ſi vn ſeul obje&t n'eſt ſuffiſant, il en faudra preſenter pluſieurs ny ayãt rien qui relaſche ou pluſtoſt affoibliſſe tant l'eſprit que la pluralité & diuerſité d'obje&s, en tous leſquels ſe voulant bander, ſes mouuemens ſont rendus moins violens à l'endroi& de chacun d'iceux ſeparement.

a. Εἰ μὴ γὰρ ὢν ἄνθρωπος ἀνθρώπου χρείαις ὑπηρετήσῃς, οὐ φανήσο-

† Reſte ſi le troiſieſme vſage de la cognoiſſance des mouuemens de la volonté, qui conſiſte a s'acommoder aux affe&ions & façons de faire d'autruy *a* ce

qu'en vn mot l'on appelle Complaisance, de laquelle l'on abuse le plus souuent en Court, où ordinairement elle degenere en flatterie. *b*

Pouvant neantmoins estre non seulement vtile comme celle d'Acacius Patriarche de Constantinople, qui par ce moyen adoucissoit & retenoit la cruauté de l'Empereur Leon Macella: mais aussi necessaire en plusieurs rencontres, tant envers le Prince, qu'enuers les particuliers. *c* I'en diray icy quelque chose plus pour exemple, que pour representer ce qui se pourroit rapporter sur ce subject, & commenceray par la Colere.

La personne qui est troublée de ceste passion, volontiers se plaint de l'injure receuë, l'amplifie, a l'esprit bandé à la vengeance & la louë, est prompte à la tenter, craint peu le peril, cherche plustost l'execution, que d'entrer en consideration de ce qu'elle fait, approuve & suit les partis precipitez, dit mal de celuy qui l'a offencée, luy faict le plus d'ennemis qu'elle peut, & par sa contenance elle manifeste ceste passion en plusieurs façons, son visage change de couleur, elle parle avec impetuosité & confusion, regardant de trauers, & tantost deçà tantost delà.

Qui voudra donc s'accommoder à celuy qui sera poussé de ceste passion, il imitera aucunement ses actions, & fera cognoistre que c'est pour le mesme subject, se fachant de l'injure receuë: blasmant la personne qui l'aura faite, loüant la vengeance, approuvant la promptitude, hardiesse & resolution a se vanger, & autres telles choses.

Mais d'autant que ces contenances ne sont pas seantes n'y à toutes sortes de gens, n'y envers toutes sortes de personnes, il y faudra apporter vne grande dissolution, & se proposant plusieurs moyens de

μὴ φρονῶν. Alexis apud Stob

b Τὸ γὰρ κολακεύειν νῦν ἀρέσκειν ὄνομ᾽ ἔχει. Anaxand. apud Athe. lib. 6.

c Ἐν θηρίοις γὰρ καὶ πιθήκοις ὄντα δεῖ εἶναι πίθηκον, ὦ ταλαίπωρε εἰ. Apollod. apud Stob.

Ἄλλα τε πάσχων ἀνιήσεται, ἄλλοτε θ᾽ ἕρδων χαιρήσειν δύνασαι ἄλλοτε τ᾽ ἄλλος ἀνήρ. Theogn.

Exemple de Complaisance en la Colere.

vengeance il faudra tascher de faire choisir celuy-là qui requiert plus de téps pour son execution, comme estant le seur, afin que le temps froidisse la Colere, & face place à la raison.

Bref en toutes resolutions promptes que la Colere peut produire, faudra en differer l'execution par les plus specieux pretextes que l'on pourra, fondant ce delay (si faire ce peut) sur aucunes considerations que l'on voit estre embrassées par le passionné.

C'est charité que de tromper en ce subject son amy pour le detourner de ce mouvement, & accortise de le faire en façon qu'il ne semble que vous luy soyez contraire, de peur qu'il ne s'en offence.

En la Douceur.

Avec les personnes douces & de contraire habitude à la Colere, nous suiurons toute vne contraire voye. Car telles personnes sont ordinairement esloignées de vengeance, parlent humainement de ceux mesmes qui les ont offencez, diminuent en excusant l'injure receuë, considerent les difficultez & dangers qu'il y a de s'en vanger, approuvent de ne se laisser vaincre à ceste passion, de proceder avec raison, & avec conseil, ce contentent de la satisfaction que l'on leur offre.

Nous voulans donc accommoder à telles personnes, nous louërons la resistance qu'elles font à l'impetuosité de la Colere & au desir de Vengeãce, leur sagesse a poiser l'injure auec les qualitez de celuy qui l'a faite, & celuy qui l'a receuë.

En la Crainte.

Le Craintif met en consideration toutes sortes de dangers pour petits qu'ils soient: il luy semble que le mal soit plus voysin qu'il n'est, a peur de toutes choses, son esperance est foible, mesmes en choses certaines il entre en difiance, change souvent d'avis & de conseil, & est irresolu, se tourne du costé qu'il estime y avoir moins de danger, encores que moins honnorable, exaggere le danger auquel il se trouve, s'oublie soy-mesme, & les personnes qui luy sont plus cheres, le postposant à sa seureté & tesmoigne sa peur par plusieurs gestes & cõtenances, changeant de visage, pallissant, parlant confusément, inconstamment & auec interruption.

Pour nous accommoder à ceste passion, nous appuyrons de raison ceste crainte, que nous nommerons sagesse & prevoyance mere de seureté, blasmans la legereté qui se fonde sur des esperances vaines, nous appellerons temerité de faire autrement: & nous monstrans en quelque façon frappez de peur, nous excuserons ce que nous ne pouuons louër sans honte.

Au contraire si nous auons affaire avec vn homme plein de Confiance, lequel n'entre en consideration des choses qui peuvent apporter crainte & dommage, & qui s'estime assez pour se garantir du mal, amplifiant le moyen qu'il en a, & diminuant le mal & le danger: estant prompt a hazarder & mettre en execution les desseins, accompagnant ces façons de faire, d'vne gayeté de visage & d'vne parole resoluë, constante & asseurée. Nous luy ferons recognoistre sa condition, qualité, puissance, & credit qui nous donnent toute asseurance qu'il viendra a bout de ce qu'il entreprend, diminuant le peril & le hazard, & rehaussant sa prevoyance & les moyens qu'il a entre les mains. Nous louërons sa promptitude a resoudre, sa constance a poursuiure, sa hardiesse a executer: & si le subject se presente, monstrerõs auoir suivy és choses qui nous touchent vne mesme façon de proceder.

En la Confiance.

En la Hôte.

Mais ſi nous voulons nous accommoder à vne perſonne touchée de quelque honte cōſiderans que telles gens ſe plaignent & ſe fachent ordinairement quand il leur eſt advenu quelque choſe qui leur face honte, s'efforcent de la couvrir, & de l'excuſer, confeſſans leur faute eſtant deſcouverte, & monſtrans en eſtre repentans, & ialoux de leur honneur & reputation, n'ont a plaiſir que l'on les face reſouvenir de ce qui leur eſt advenu.

Nous monſtrerons auoir regret du deſplaiſir qu'ils reſſentent, & que mal volontiers nous entrons en ce diſcours là, que ceſte honte ne procede que d'vn naturel loüable, jaloux de l'honneur, & qu'il n'y a perſonne qui ne ſoit ſubject à tels accidens, leſquels en fin le temps ou quelque contraire action effacera de la memoire des hommes.

En l'Impudence.

Que ſi nous nous rencontrons avec quelque impudent, qui ait comme l'on dit, toutes ſes hontes beuës, conſiderant que telles perſonnes n'ont aucun deſplaiſir, honte, ou repentance de choſe qu'ils facent, quelque deshonneſte qu'elle ſoit: mais au contraire la louënt, l'excuſent, & quelquefois en parlent avec plaiſir, n'ayans aucun ſoin du tort que telle choſe peut apporter à leur reputation, hayſſans & meſpriſans ceux qui leur contrarient ou trouvent mauuaiſes leurs façons de faire.

Si nous ne pouvons nous deuelopper de telles gens, il nous faudra, comme l'on dit, hurler avec les loups, blaſmer & meſpriſer ce trop grand reſpect que l'on a à l'opinion des hommes, à laquelle ceux qui ſe veulent aſſeruir, ſont eſclaves, & privez d'vne infinité de plaiſirs & commoditez, accuſans ceux qui s'y rangent de trop grande ſeuerité ou ſimplicité.

En l'Amitié

Pour s'accommoder à celuy qui ſera pouſſé de

bienveillance envers quelqu'vn ſçachant que telles gens louënt volontiers, honorent, reſpectent, deffendent, excuſent ceux qu'ils affectionnent, & quād il eſt beſoin les admonneſtent & exhortent, nous monſtrerons d'approuuer le choix & l'election que celuy là a fait, louërons ſa conſtance en ſes amitiez, & les offices faits envers ceux qu'il ayme.

En la Hayne.

Que s'il hayt quelqu'vn, & que nous ſoyons forcez en cela de luy complaire, nous blaſmerons la perſonne hayë, exaggererons les actions qu'elle aura malfaites, ferons ſemblant de nous reſiouyr de ſon mal, & nous facher de ſon bien, luy donnant le tort & amplifiant l'injure qu'elle aura faite à autruy.

En la Courtoyſie.

Mais pource que la bienveillance ne paroiſt que par les effects qui ſont compris ſoubz le nom de Courtoyſie, il faut ſçavoir que ceux qui ſont diſpoſez à ce mouvement, ſont prompts a faire plaiſir, ſe reſiouyſſent que l'occaſion s'en preſente a eux, eſpient le temps, le lieu, les conditions des perſonnes qui les peuuent convier & donner moyen de faire plaiſir, ont agreable d'eſtre les premiers ou ſeuls a vſer de Courtoyſie, louënt ceux qui ſont de contraire, & ſont bien ayſes d'eſtre tenus pour tels, & d'eſtre aymez, cheris, honnorez, loüez & reſpectez.

C'eſt pourquoy avec telles gens nous louërons leur promptitude a faire Courtoyſie, le plaiſir fait, ou qu'ils veulent faire, monſtrerons eſtre fort contens quand il ſe preſente à nous quelque occaſion de bien faire à quelqu'vn, & nous rendons ſoigneux de recognoiſtre ou par remerciment, ou par ſervices, ou par autres biensfaicts, celuy que nous aurons receu.

En l'Ingratitude.

Que ſi nous auons affaire à des ingrats (la compagnie desquels ie conseilleray tousiours de fuir autant qu'il sera possible) nous diminuërons le plaisir receu blasmerons l'intention de celuy qui l'a fait, remonstrerons qu'il est dur de se charger d'vne obligation sans iuste cause, & que les sages sçauent faire difference entre les vrays plaisirs & les feints ou simulez: Que comme les ingrats ne sont point a louër a cause de leur mauuaise volonté, non plus le sont ceux qui se recognoissent redevables de ce qu'ils ne doivent point.

En la Compassion. Les humeurs bienveillantes sont aussi ordinairement accompagnées de pitié & compassion envers autruy, se plaignent du mal de la personne affligée, monstrent non seulement de cognoistre combien indignement & a tort le mal arriue à la personne que l'on plaint: mais aussi avoir subject de craindre qu'il ne leur en arriue autant, ou à ceux qu'ils ayment, louënt la patience, le courage, les conditions, & les qualitez de l'affligé, le consolent, confortent, s'offrent à luy, pour l'ayder & le secourir: & encores aucuns avec souspirs & larmes donnent indice de leur compassion, & de mesme façon nous nous pourrons comporter autant que la qualité du mal & la bienseance le requerra.

En l'Indignation. Ceux qui sont poussez d'indignatiõ pour le biẽ qui arriue à quelqu'vn sans l'auoir merité, ont de coustume de rabaisser & diminuer les conditions & les merites de celuy là, & de se plaindre de la condition des choses humaines, & de l'aveuglement de la fortune.

L'envieux se comporte presque d'vne semblable façon, mais pour gratifier d'avantage cestuy-cy, nous pourrons entrer en comparaison de celuy qui porte envie à celuy qui est envié: rehaussant le merite de l'envieux, & diminuant celuy de l'envié, ramentevant les actions que ce dernier à mal-faictes, ou qui sont indignes de mespris, ou de hayne.

Mais telz mouvemens estans de ceux que l'homme de bien doit fuyr il ne s'engagera à telles complaisances que forcé, auec grande consideration, & telle discretion qu'il ne face tort à sa preud'hommie.

En la Ioye & en la Tristesse.

Quant à la ioye & à la tristesse l'on s'y gouverne diuersement. Car la ioye ne reçoit pas volontiers la tristesse en sa compagnie.

Ne faut imiter, ne complaire aux sottes contenãces.

Mais la tristesse peut estre en tel point que le triste admettra volontiers vn hõme ioyeux & agreable pourveu qu'il se sçache insinuer doucement. Car si au milieu d'vne grande tristesse quelqu'vn venoit bouffonner il se rendroit desagreable & importun. Mais si (laissant passer la violence de la fascherie & s'accommodant pour vn temps) quelqu'vn se rencontre qui coulant d'vn propos en vn autre, entre en quelque discours agreable à celuy qui est fasché, il allegera ceste Tristesse.

a Adulandi gens prudentissima laudat Sermonẽ deformis amici. Et lõgũ inualidi collum, ceruicibus equat Herculis Antæum procul à tellure tenentis, Miratur vocem angustã qua deterius nec Ille songat quo mordeat gallina marito, Natio Comœdia est. rides maiore cachinno, Concutitur vt si lachry-

Car estant le naturel de l'homme porté plus au plaisir qu'à la fascherie, luy estant le premier presenté avec façon, il l'embrasse plus volõtiers que l'autre.

Mais cecy regarde plus le Divertissement que la Complaisance: laquelle en la Tristesse sera accompaignée de silence lors qu'avec bien-seance nous ne pourrons imiter les contenances de celuy qui est en affliction.

Quãt à la Ioye chascun la sçait contrefaire, & qui l'entremeslera des loüãges de celuy auquel l'on veut cõplaire, l'on sera encores mieux venu. Ie serois trop long si ie voulois representer toutes les diverses façons de faire qui procedent de noz mouvemens interieurs, & cela seroit non seulement ennuyeux, mais aussi inutile: ce que i'en ay dit est suffisant pour

mas aspexit amici: Nec dolet igniculum brumæ si tēpore poscas Accipit endromidem: si dixeris æstuo, sudat. Iuvenal.

comprendre comme l'on se doibt gouverner en la Complaisance.

Seulement donneray-je adviz en passant de ne point imiter les sottes & ridicules contenances comme faisoyent les Courtisans d'Alexandre lesquels portoyent le col plus panché d'vn costé que d'autre, pource qu'Alexandre le portoit ainsi, & aucuns de la Court de son pere Philippe, lesquels voyans ce Prince pour vn coup qu'il auoit reçeu en l'œil s'estre faict bander le visage, se feirent aussi bander de mesme, encores qu'ils n'eussent aucun mal.

Cela tient trop de ces Parasites du temps passé, lesquelz vsoyent indifferamment de ceste complaisance, ou plustost d'vne vile & basse flatterie qui ne peut estre bien venuë que parmy les lourdauts.

Il est bien vray que quelquefois l'on est contraint d'imiter les vices & desbauches aussi bien que les vertus de ceux avec lesquels l'on converse. Alcibiades estant à Athenes faisoit l'Orateur & le Philosophe, parmy les Lacedemoniens se monstroit austere & severe en sa vie, avec les Thraces s'exerçoit non seulement à monter & picquer chevaux, mais aussi à bien boire, avec les Ioniens, estoit voluptueux, ioyeux, & paresseux, & auec les Perses fastueux & brave en meubles, en habits & accoustremens.

Esprits ployables & versatiles propres à la Court.

Semblables espritz sont fort propres en la Court, où il fault ployer & se rendre facile à se conformer à toutes sortes d'humeurs & façons de faire, sans que l'on y aperçoive de la contrainte.

Cecy donc suffira, & par mesme moyen ie finiray le discours de la difference des personnes, qui provient de la diversité des cōditions interieures, pour passer aux exterieures, lesquelles estans aussi infinies, nous ne rapporterons icy que celles qui peuvent seruir à cognoistre les interieures, ou qui se remarquent plus ordinairement en la Conversation.

Les Conditions exterieures des personnes qui peuvent servir à iuger des interieures viennent ou de l'Aage ou de la Fortune.

14\. Difference des personnes par ses Conditiōs exterieures.

L'on partage l'Aage de l'homme en plusieurs parties, toutesfoys la difference des mœurs se remarque principalement en la Ieunesse, Vieillesse & Virilité.

Mœurs de la Ieunesse. Difference provenant de l'Aage.

En la Ieunesse nous sommes ordinairement pleins de noz volontez, promptz à executer noz desirs, ardens aux plaisirs du corps & incontinens, mesmement aux charnelz, changeans, & aysez à rassasier, & a nous ennuyer des plaisirs mesmes, qui non plus que toutes autres choses violentes, ne peuvent longuement durer.

Nous nous courrouçons aysement, & pour peu de chose: nous nous laissons emporter à l'impetuosité de la colere: pource qu'en cest aage estans plus desireux d'honneur, nous pouuons moins endurer d'estre mesprisez. Mais nous sommes aussi moins avaricieux, n'ayans pas encores esprouvé ce que c'est que d'auoir faulte de moyens: ce qui est cause qu'en cest aage nous nous jettons en des despences superflues & excessiues.

Il y a aussi en la Ieunesse moins de malignité, & plus de simplicité qu'en aucune autre, faulte de sçauoir, ou de considerer les meschancetez qui se font en ce monde.

D'où vient aussi que pour n'avoir pas esté beaucoup de fois trompez les jeunes croyent de leger: & pour ceste raison ils sont tellement pleins d'esperance qu'ils se promettent obtenir tout ce qu'ils desirent. Aussi dict-on que l'esperance est plus grande en eux que la resouvenance. Car l'esperance regarde l'avenir, qui est beaucoup plus grand en la Ieunesse que n'est le passé obiect de la resouvenãce.

Ainsi estans Coleres & pleins d'esperance, la Colere est cause qu'ilz entreprennent promptement, & l'esperance qu'ilz ont de venir à bout de leurs affaires faict qu'ils ne craignent rien, & entrent aysement en confiance d'eux mesmes.

Ilz sont aussi honteux & respectueux, tant à cause qu'ils sont nouueaux en toutes choses, que pource qu'ils ont esté esleuez avec crainte. Ils suyvent l'esclat & la Vanité plustost que l'vtile: & l'amitié est plus forte en cest aage qu'en aucune autre : tant pource qu'elle est plus desireuse de compagnie, que pource que la consideration du profit, qui quelques fois dissoult les amitiez, est moindre en l'esprit des Ieunes gens.

Or encores qu'ils soient ordinairement ignorans de beaucoup de choses, si n'en ont-ilz pas moins de presomption, & pensans tout sçauoir asseurent tout: d'où vient qu'ils passent quelquesfois les bornes en leurs desseins & en leurs advis, panchans en toutes leurs affections vers les extremitez, soit pour aymer, ou hayr.

Ils font toutesfois iniure plustost par insolence & petulance que par malice: sont aysez a emouvoir à compassion ayans bonne opinion de tous les hommes, & les croyans meilleurs qu'ils ne sont: pource que la frequence du vice à cause de leur aage ne leur est pas cogneuë : ce qui faict aussi qu'y ayant plus d'innocence en eux, ils condamnent le vice par leurs iugemens avec plus de severité, & la complexion sanguine dominãt ordinairement en cest aage ils sont enioüez, ayment à rire; gausser & plaisanter.

Mais les vieux comme ils sont ordinairement d'vn contraire temperament, aussi ont les mœurs & les humeurs toutes contraires à celles des ieunes. Car pour auoir esté long temps en ce monde, & s'estre trouvez trompez plusieurs fois, n'asseurent aucune chose, & ne se promettent rien, monstrant tenir tout en opinion & en doubte, rien en science & certitude: ou peu de courage pour avoir eu en leur vie plusieurs rencontres qui les ont rebuttez d'entreprendre, parlans tousiours doubteusemẽt, prennent tout au pire, & ne se representent iamais que le mal: interpretent mesmes aucunesfois en mal les choses faictes avec bonne intention: sont soupçonneux & desfiantz, effects de la crainte qui leur glace le cœur, & de l'experience qu'ils ont de l'infidelité des hommes. Ils n'ayment ny ne hayssent auec vehemence: ils desirent plus de vivre que les ieunes, pource que le desir est des choses qui sont absẽtes de nous, & nous defaillent: de façon que leur vie s'absentant tous les iours d'eux, & leur en restant fort peu, ils desirent ce qui leur manque. Ceste consideration en partie les rend plus avares, pource que les biens servent à maintenir la vie: & en partie la peine qu'ils sçauent y auoir d'en amasser, le peu d'esperance qu'ils ont de le pouvoir faire au peu de temps qui leur reste, & la facilité qu'il y a de les perdre. Mœurs de la Vieillesse.

La resouuenance du passé les rend babillards, & quelquesfois vains, & importuns: aysement ils se courroucent, & avec aigreur, mais foiblement toutesfois.

Des appetits ordinaires aux hommes vne partie les a abandonnez, & le peu qui leur en reste a peu de force: de la viẽt qu'ils ne se laissẽt emporter à toutes leurs volontez, mesurans tout par le gain & le profit.

Les iniures qu'ils font, ils les font pour nuyre & non par bravade, ils sont pleins de cōpassion comme les ieunes : mais c'est pour la foiblesse qui est en eux, & non pour la bonté de leur naturel, ou pour l'innocence laquelle accompagne ordinairement la Ieunesse.

De ces deux extremitez il est aysé de deviner l'humeur de ceux qui sont en l'aage Viril, lesquels seront éloignez de ceste confiance & presomption ordinaire aux ieunes, & de la crainte & deffiance des Vieillards.

Mœurs de la Virilité.

Ainsi apportans de la moderation en leurs mœurs, & du iugement aux affaires, ils se conduiront avec circonspection, ioignans l'vtile auec l'honneste : & rassemblans tous les avantages qui sont separez en la Ieunesse, & en la Vieillesse: les excez & deffaux qui se trouuent en ces deux aages seront mediocres en ceux-cy.

Difference des personnes selon la condition de leur Fortune.

Venons à la difference qui prouient des diuerses conditions de la Fortune.

Les quatre principaux avantages que nous receuons de la Fortune sont Noblesse, Richesse, Puissance, Bon-hœur : ausquels quatre desadvantages sont opposez, qui peuvent diversifier & changer nos façons de faire: & d'autant que de la cognoissāce d'vn contraire, l'autre qui luy est opposé peut estre cognu, nous nous contenterons de representer icy les inclinations & mœurs de ceux qui possedent ces quatre advantages.

Mœurs des Nobles.

Et quanquā virtus glo-

Les Nobles sont plus ambitieux & desireux d'hōneur que les autres, estant le naturel ordinaire des hommes qui possedēt quelque bien de s'efforcer de l'accroistre : & l'orgueil accompaignant ordinairement ceux de ceste condition *a*, ils mesprisent non seulement les autres hommes de basse condition, mais aussi ceux qui ne sont si anciennement nobles qu'eux : & ce mespris viẽt de ce que semblables choses tant plus qu'elles sont esloignés de nous, d'autãt sont elles plus estimées & plus honnorées que celles que nous voyons de noz yeux.

ria, atq; alia optanda bonis superabãt tamen inerat contemptor animus, & superbia cõmune nobilitatis malum. Salust de Metello.

Les Riches sont insolens & altiers, prenãt ce courage qu'ils ont de leurs richesses, lesquelles ils estiment estre le prix de toutes choses, & par consequẽt toutes choses estre en leur pouvoir. Ils sont delicats, tant pource que ordinairement l'abondãce apporte cela auec soy, que pour faire paroistre leur grãdeur. Ils sont ingrats, vindicatifs *b*, arrogants, ostentateurs & vains, pource que les hõmes se plaisent de penser & parler de ce qu'ils ayment & admirent : les riches n'admirans & n'aymans rien tant que leurs richesses, ils en parlent ordinairement, & en font parade, croyãs que chasqu'vn y prenne autãt de plaisir qu'eux, & en effect ils sont heureux en leur folie.

Mœurs des Riches.

a *Verum ita sunt omnes nostri Divites : si quid beneficias, levior pluma est gratia, si quid peccatũ est plumbeas iras gerunt.* Plautus in Pœnulo.

Mais il y a bien difference entre ceux qui dés long temps sont riches, & ceux qui de nouveau se sont enrichis : ces derniers estans plus imprudents, plus auaricieux, & plus insolens.

b *Non est quod putes omnibus diuitias conuenire. Nihil est insolentius novitio diuite.* Ruf. Vyb.

Quant aux iniures que les Riches font, ils les font plus par insolence & brauade que pour nuyre.

Ceux qui sont puissans & en quelque grande authorité sont presque de semblable humeur : mais ils sont plus courageux & desireux d'honneur, & ne sont pas si nonchalans que les riches.

Mœurs des Puissans & qui ont authorité.

Car la Puissance estant subiecte à surprise, & en perpetuelle action, ils ont besoin d'estre plus vigilãs & deffians : leur cõtenãce tiẽt plustost du grand que

Mœurs des Heureux.

Non vides vt maiorem,

du faſcheux, & eſt plus modeſte beaucoup que celle des riches eſtāt accōpaignée d'vne ſeverité moderée.

Quant à leurs iniures, elles ſont grandes ſelon leur puiſsāce; ſe reconciliās difficilemēt avec ceux dōt ils ſe deffiēt, & leſquels mōſtrēt ſe sētir offencez d'eux.

Ceux qui en toutes leurs actions ont eſté accompaignez de bon-heur ont toutes les humeurs des noble, riches & puiſſants, mais ils ſont plus arrogās, coleres, & inconſiderez eſtimans que toutes choſes leur doivent venir à ſouhait, & que rien ne ſe doit oppoſer à eux.

quāque Fortunam maior ira comitetur? In Divitibus Nobilibuſque & Magiſtratibus præcipuè apparet, cum quid leve & inane in animo erat ſecunda ſe aura ſuſtulit, Felicitas iracundiam nutrit vbi aures ſuperbas aſſentatorum turba circumſterit, &c. Senec. de Ira. lib. 3.

† Autre differences des perſonnes.

† Oultre ces differences qui prouiennēt de la difference de l'Aage ou diverſe condition de la Fortune, l'on doit conſiderer en la conuerſation ſi la perſonne auec laquelle nous avons affaire eſt domeſtique ou eſtrangere, condente ou nō egale, ou inegale inferieure ou ſuperieure à nous, de bon ou de mauuais naturel, veritable ou menſongere, agreable & gaye ou ſevere, hautaine ou modeſte, intereſſée ou ſans intereſt, requerant chaſque qualité ſa façon de proceder particuliere.

Pource que auec nos domeſtiques & confidens nous debvons eſtre libres: avec les eſtranges, deffians & plus retenus: honorer nos ſuperieurs, reſpecter noz ſemblables, & envers noz inferieurs vſer de courtoiſie & de douceur.

Nous procederons auſſi auec toute ſeureté & confiance envers ceux qui ſont veritables & gens de bien, mais nous ne debuons croire à ceux qui ont couſtume de mentir, ou qui n'ont pas beaucoup de reputation, meſmes quand ils auroyent (comme l'on dict) le gaige en la main.

Envers ceux qui ſont d'agreable compaignie nous y procederons avec beaucoup de familiarité avec ceux qui ſont ſeveres, nous ſerons plus retenus, & traicterons avec moins de paroles.

Aux ambitieux & gens hault à la main, rendrons tout l'hõneur qu'ils peuuent deſirer de nous & monſtrerons de les eſtimer beaucoup: mais avec ceux qui ſont modeſtes, nous viverons ſans aucune affection: aux malins & malicieux nous ne presterons l'oreille, en façon toutesfois que nous ne leur donnions a cognoiſtre que nous les tenons pour tels: & à ceux qui ſeront pleins de bonne volonté & d'affection, nous rendrons tous les teſmoignages d'amitié que nous pourrons.

Nous rechercherons les officieux touſiours de quelque plaiſir qu'il puiſſent faire, & fuyrons les inofficieux. Auec les intereſſez nous marcherons ſagement en ce qui touche leur intereſt, & ne croirons legerement ce qui vient d'eux. Au contraire à ceux qui ne ſont point intereſſez nous pourrõs adiouſter plus de foy. Voila comme nous nous devons comporter ſelon la difference des perſonnes.

Paſſons à la difference des Affaires, deſquelles les ſubjets eſtans infinis, & les rencontres des particularitez, qui les peuvent diverſifier, ſans nombre: Ie me contenteray icy pour reveiller le Iugement & l'Accortiſe de mettre en avant quelques circonſtances plus ordinaires, deſquelles l'on ſe peut ſervir pour les examiner.

15. De la difference des Affaires.

† Les affaires ſe conſiderent & examinent principalement par la Cauſe, qui leur donne le premier branſle, & qui les doit conduire à leur fin: Par les Moyens deſquels l'on ſe peut ſervir à ceſt Effect: par la Fin, pour laquelle l'on entreprend l'affaire, & par l'effect ou Euenement qui en peut reüſſir.

† Generales differences des affaires priſes des Cauſes, des Moyens, de la Fin, de l'Effect, de l'avenemẽt.

L'examen de la Cauſe & des Moyens, nous enſei-

Affaires Poſſibles,

Impossibles Necessaires Faciles, Difficiles, Vtiles, Dõmageables, Iustes, Iniustes.

gnera si ell'est Possible ou Impossible, Necessaire ou non, & nous monstrera la Facilité ou Difficulté qui se rencontrera en l'execution. En la Fin, & en l'Effect nous y considererons le bien ou le mal, proche, ou esloigné: & en la Cause, aux Moyens, en la Fin, & en l'Effect, nous y considererons la Iustice.

Differences des Causes servãt pour le iugement de la Possibilité ou Impossibilité.

Or des Actions des hommes, les vnes sont produites par vne seule Cause, les autres ont besoin de la rencontre de plusieurs, & ceste rencontre se fait ou successiuement par vne suitte, & certain ordre des vnes apres les autres, ou par vne concurrẽce de toutes ensemble en mesme temps: & en ceste rencontre de plusieurs Causes, il faut prendre garde de distinguer celles qui sont les principales, d'avec celles qui seruent d'ayde seulement, & celles qui sont necessaires absolument, d'avec celles qui ne le sont que pour plus grande facilité, ou commodité.

Pouvoir & Vouloir necessaires en la production des actions.

Les principales Causes des actions ou affaires, resident és personnes, esquelles pour la perfection de quelque action, il faut selon l'ordre du discours & de la raison, que le Pouvoir & le Vouloir se rencontrent en mesme point & mesme temps. Et la Puissance ayant plusieurs degrez, & estant de plusieurs sortes, il faut rechercher si ceste sorte qui est requise à l'affaire de laquelle il est question, est en la personne qui la doit effectuer.

Consideration sur le Pouvoir.

Car vn petit compagnon, quoy qu'impuissant en toute autre chose, pourra quelquefois d'avantage en certaines sortes d'affaires, qu'vn qui sera plus riche & plus grand, ceux-cy estans souuent empeschez & retenus par honte, respect, deffiance, soupçon, ou par quelque autre consideration.

Ainsi il faut que le Pouvoir soit proportionné à la qualité de l'affaire, & non pas le mesurer selon les avantages de la faveur, credit, ou grandeur, s'ils ne servent a l'affaire dont est question.

Quant à la Volonté, elle se pourra recognoistre par la qualité de la Fin, & par l'opinion que la personne en a : Car nous presumerons tousiours qu'vn homme voudra ce qu'il croit estre à son advantage, ou des siens, ou qu'il estimera estre juste: & son opinion se recognoistra par ses paroles, conseils, discours, actions, gestes & demonstrations exterieures, tant presentes que passées: Ie dits passées, car l'execution de semblable affaire, comme aussi l'exemple de l'avoir autresfois inutilement entrepris nous peut faire iuger non seulement de l'opinion de celuy qui y peut ayder, mais aussi de la possibilité ou impossibilité presente, entrans en comparaison de moyens, du temps, du lieu, de l'occasion, & autres circonstances, tant de l'execution que de l'empeschement. Considerations sur la Volonté.

En ces considerations du Pouvoir & de la Volonté, ne se doivent pas seulement faire en la personne qui a la principale conduite de l'affaire, mais en toutes autres qui y doivent contribuer : comme pareillement en celles qui la peuvent traverser soit directement ou indirectement.

Apres nous examinerons les Moyens, & les vtils ou instrumens necessaires, avec leur quantité & qualitez proportionnées à l'action, ce qui la doit preceder, suiure & accompagner: son commencement, son milieu, & sa fin: & en tout la commodité du lieu & du temps. Considerations sur les Moyens & leurs differences.

Considerant en ce qui passe d'vn lieu à vn autre, non seulement le lieu où l'on est, mais celuy d'où l'on vient, où l'on doit passer, où l'on veut aller, où l'on se doit arrester. Soit pour la conduite de l'affaire Circonstance du lieu és choses mobiles.

que l'on entreprend, soit pour la perfection de quelque autre qui y peut seruir : pesant ce que chaque particularité en ce changement de lieu peut apporter d'avantage ou desavantage en l'affaire dont est question.

Circonstance du Temps.

Au Temps nous considererons quand l'affaire se peut traicter ou acheuer, combien de temps l'on y doit employer, depuis quel temps l'on l'a commencée, si elle a esté entremise ou differée: si trop tost, ou trop tard, apres, devant, ou a l'instant d'vne autre.

Consideration de la diversité des empeschemens.

Cela fait, nous examinerons par les mesmes voyes la cause des empeschemens ou difficultez qui se peuvent rencontrer en l'execution : soit qu'elles procedent des personnes, ou de la qualité, quantité, suitte, ou ordre, des moyens & autres circonstances. Ausquels empeschemens l'on cherchera les remedes plus convenables pour faciliter l'action.

Considerations sur la facilité ou difficulté d'vn affaire.

Or vne chose est dite facile, quand elle se peut faire avec peu de peine, peu de fraiz, & peu de temps, & qu'il n'est besoin pour sa perfection de beaucoup de personnes, ou de choses desquelles nous ne puissions aysement disposer, & qui ne dependent de nous.

Consideration sur la Necessité.

Vne autre cõsideration qui se doit faire en la cause des actions, est celle de la Necessité, à laquelle il faut souvent que toutes autres cedent. Car des actions les vnes viennent de nous, les autres viennent d'ailleurs: en celles qui procedent de nous & sont en nostre puissance nous y devons apporter tout le iugement qu'il nous est possible pour les conduire à la fin que nous devons desirer: & nous laisser emporter à la violence en celles qui ne procedent pas de nous, avec intention toutesfois de reprendre nostre route si tost que le mauuais vent sera appaisé.

Or ſoit que ceſte violence vienne de la Fortune, c'eſt à dire d'vne certaine rencontre de circonſtances que nous n'ayons peu prevoir, ou d'vn certain ordre & ſuitte neceſſaire des choſes que nous ne pouvons eviter, nous devons ſelon cela regler & accommoder nos deportemens. Abſoluë.

Mais le principal diſcours & effect de noſtre iugement ne regarde pas tant la Neceſſité Abſoluë, que la Neceſſité Conditionnelle, qui ſe rapporte à la fin, à laquelle nous tendons, & aux moyens neceſſaires pour y parvenir. Conditionnelle.

Ainſi diſons nous que pour gaigner credit envers le Prince, il faut premierement nous faire cognoiſtre à quelqu'vn de ceux qui l'approchent de plus pres, & en ceſte ſorte de Neceſſité conditionnelle il faut peſer deux choſes. L'vne eſt l'importance de la fin pour laquelle nous nous reduiſons à ceſte Neceſſité.

Car ſi ceſte Neceſſité à laquelle nous nous engageons, nous peut apporter plus de dommage que l'evenement (que nous deſirons,) ou la fin (à laquelle nous tendons) reüſſiſſant, ne nous peut apporter d'avantage : ce ſera plus ſagement fait de tourner nos deſſeins ailleurs.

Et pource il faudra balancer par la comparaiſon du plus ou du moins, l'avantage de la fin avec le deſavantage des moyens pour y parvenir.

L'autre eſt de bien conſiderer s'il y a pluſieurs moyens ſervans à ceſte fin, leſquels l'on balancera pareillement les vns avec les autres, & choyſira l'on les plus ſeurs & moins hazardeux, des plus ayſez & plus prompts, & les plus honnorables.

Car bien que l'Honneur en toutes actions deuſt marcher le premier: toutesfois és neceſſaires, quand il y a choix de moyens pour y parvenir: la premiere Ordre des moyens.

consideration est celle de la Seureté, puis de la Facilité, apres de l'Honneur, en suitte duquel l'on peut adjouster la consideration de l'Avantage: pource qu'en telles actions l'on ne recherche que de se tirer de Necessité, laquelle, comme l'on dit, n'a point de loy: & la fin de l'action estant honorable, elle rabille par son evenement la male façon qui seroit aux moyens que l'on aura tenus pour y parvenir, estans d'ailleurs excusez de la Necessité.

Considerations des avantages ou desavantages.

Apres avoir fait ces considerations sur la cause, & les moyens: nous considererons en la fin & en l'effect ou evenement, le bien & le mal qui y peut estre: lequel nous n'examinerons pas selon les opinions particulieres des Philosophes, mais selon l'opinion commune, ou bien de ceux qui doivent contribuer ou participer à l'action.

Tout bien regardé, ou l'Honneur, ou le Profit, ou le Plaisir.

De l'Honneur.

L'Honneur consiste ou en l'opinion que l'on prẽd du merite d'vne personne, ou en ceremonies de respect & de reverences, desquelles l'on honore celuy qui est superieur en puissance, authorité, credit, richesse, ou quelque autre avantage remarquable: lequel a cause de l'honneur qui y est attaché, est desiré d'vn chacun.

Par contraire raison tout ce qui pourra auoir en soy, ou à sa suitte, que deshonneur ou infamie sera tenu pour mal.

Du Profit. Seureté. Gain.

Le Profit pris largement, ce considere en deux choses: Sçavoir est en la Seureté publicque ou particuliere, & au Gain qui ne consiste pas seulement en l'acquest du bien qui nous manque, mais aussi en la conseruation de ce que nous avons, & a fuïr, repousser, chasser, ou diminuer le mal present, & empescher ou detourner le mal advenir.

Quant au Plaisir il se trouve en toutes sortes de biens en certain sens. Car l'Honneur & le Profit apportent Plaisir. Toutesfois l'on rapporte principalement au Plaisir les biens qui ne se peuvent rapporter à l'Honneur & au Profit : Lesquels nous sont agreables non seulement pour le ressentiment que nous avons de leur presence, & par vne jouyssance volontaire non forcée, (car toute contrainte est desagreable en quelque subject que ce soit) mais aussi par leur resouvenance quand ils sont passez, & par le Desir & l'Esperance estans encores a venir. Du Plaisir.

De mesmes en est-il du mal pour ce regard, lequel n'est seulement tel (comme nous avons dit cy devant) par sa presence, mais aussi nous afflige estant avenir par la crainte & l'apprehension que nous en avons, comme les fautes passées par la repentance.

Le bien ou le mal qui peut estre à la fin, ou l'evenement d'vne action estant bien recogneu, il la faudra examiner par la Iustice, n'y ayant personne (pour meschante qu'elle soit) qui ne desire donner ce lustre à toutes ses actions, non seulement en leur fin, mais aussi en leur cause & aux moyens. De la Iustice d'vne affaire.

Or les Reigles de la Iustice sont de deux sortes. Les vnes Vniverselles receuës par la pluspart des hommes, confessées par ceux qui sont en autres choses de contraire advis ou opinion, & tenuës pour iustes presque par tout. Comme de recognoistre vne Divinité, aymer ses Parens, obeyr à ses Peres & Meres, eslever ses Enfans, recognoistre & recevoir vn Bien-faict, & par mesme raison vanger & chastier vne Iniure. Diverses Reigles de Iustice. Vniverselles.

Toutesfois la Police a trouvé plus a propos d'oster la vengeance des plus grandes iniures aux parti-

Particulieres. culiers, de peur qu'ils ne s'y portassent indiscrettement, & l'a remise entre les mains du public.

La Verité qui rend aussi tesmoignage de ce que chaque chose est, se peut dire des dependances de ceste Iustice: Comme pareillement la Foy, fondement de toutes sortes de traictez, promesses, & conventions: sans laquelle toutes choses seroient en confusion, & ne pourroit la societé ny le commerce des hommes subsister.

Les autres Reigles de la Iustice sont Particulieres, provenans ou de l'Vsage qui les authorise, ou du cōmandement du Magistrat, comme sont les Loix & les Ordonnances; ou de l'interpretation & consequence de ses Loix en autres choses semblables, desquelles elles n'ont manifestement & expressément disposé.

Rarement en la Cour, si ce n'est és affaires plus serieuses, l'on s'informe de ces deux dernieres sortes. Mais bien de ce qui est receu par l'Vsage, encores qu'il soit aucunefois contraire aux Loix & aux Ordonnances.

Pour exemple, qui voudroit juger en la Cour du point d'Honneur, ou de la Iustice d'vn appel faict pour vn Duel, selon les termes de l'Ordonnance, ou les reigles de Conscience, il reüssiroit ridicule en la corruption de nos mœurs.

C'est pourquoy en telles choses il faudra se reduire a ce qui se pratique, & selon cela former sa resolution & son jugement.

Cecy suffira pour apporter aux affaires, les plus ordinaires & plus vniuerselles considerations non seulement pour iuger ce qui se doit faire, mais aussi pour coniecturer ce qui s'est faict, ou se fera, en ce qui nous peut estre proposé.

Car

Car de la puissance & de la volonté des personnes, & de la qualité des affaires, & des circonstances du lieu, & du temps, il nous sera aisé de conclure ce qui est faysable.

Venons à la façon de proceder, en laquelle les circonstances ne sont de moindre consideration que l'ordre lequel se doibt diuersifier selon icelles, s'accommodant au lieu & au temps, & choysissant le plus conuenable à la qualité des personnes & des affaires, mesnageant les occasions sans se precipiter, faisant recognoistre que l'on procede en chasque chose selon sa nature, suyvant en tout plustost la raison, & l'aduiz des plus sages & experimentez, que la fortune & la passion, ne faisant rien sans y avoyr bien pensé : & vsant sur le point de l'execution de celerité & promptitude. 16. De la façon de proceder. Consideration des Circõstances.

Quelquesfoys selon le besoin faudra dissimuler, differer, & obeyr à la necessité, & se reduire a vouloir ce que l'on peut, ne pouuant faire ce que l'on veult.

Mais l'ordre plus commun pour traiter vne affaire & ramener quelqu'vn a nostre opinion est de prevoir les Empeschemens qui la peuuent destourner de ce a quoy nous le voulons induire, & de gaigner creance en son endroict. L'ordre plus commũ de proceder. Detourner les Empeschemens : & gaigner creance.

Les Empeschemens viennent ou de nostre part, ou de la personne a laquelle nous nous addressons, ou de ceux qui nous contredisent & auxquels nostre advis ne plaist ou peut nuyre, ou bien de l'affaire que nous entreprenõs & de ce a quoy nous voulons induire autruy.

Pour le regard de nostre personne, nous debvons considerer pourquoy nous nous entremettons en ce subiect, si volontairement de nous mesmes, ou requiz, ou commandez. Empeschemẽs de nostre part.

Sçauoir quelle opinion les hommes vniuersellement, & particulierement celuy auquel nous nous addressons, a de nostre preudhommie, prudence,& amitié, mesmes pour raison de ce a quoy nous le voulons induire: & ioindre a cela la consideration de nostre façon de viure, condition, authorité & credit que nous pourrons auoyr enuers luy.

En quel degré nous sommes d'egalité, superiorité ou inferiorité, accommodans selon cela nostre discours: nous resouuenans neantmoins que la modestie plaist plus qu'vne façon imperieuse & rogue.

Mais sur tout il ne faudra monstrer aucun signe de malice, imprudence ou mal-veillance: comme aussi ne dire rien contraire a noz actions & deportemens qui sont a la veuë d'vn chascun pour ne les dementir par nostre discours.

Or des qualités qui peuvent diminüer nostre credit, les vnes portent leur desfaueur auec elles, comme la foiblesse de l'aage, le peu d'experiēce, & l'ignorance, l'imprudence, la legereté, l'inconstance: & presomption.

Les aultres nous rendent suspectz envers celuy auquel nous n[ous] addressons: comme la puissance, l'authorité, l'interest que nous pouuons avoyr en l'affaire, soit par corruption ou autrement, l'envie, la crainte, la colere, ou aultre passion, ou bien l'avoir aultres-foys inutilement tenté, ou chose semblable, en avoir parlé plusieurs fois, sans avoir rien avancé: nous estre trompez souvent en nos opinions, en parler les premiers, ou trop tost ou trop tard.

Moyens de les destourner.

Telz & semblables empeschemens doibvent estre bien recogneuz par nous, & aucuns selon leur qualité peuvent estre confessez ingenuement cōme blasmables: les aultres desavoüez monstrant que c'est tout le contraire, ou excusez en rendant raison, ou compensant le mal auec quelque autre bien, ou comme l'ayant faict a bōne intention, ou le diminuant, ou bien en accusant la fortune, le hazard, ou la nature des choses, & rejectant le mal, qui y peut estre, sur autruy.

Empeschemens de la part de celuy qui nous contrarie.

En la personne que nous voulons induire a faire quelque chose, oultre que nous debuons considerer son aage, son rang, sa profession, (soit qu'il en ayt plusieurs ou peu, ou vne seule) quelles sont ses façons de faire, ses passions & affections plus ordinaires, la capacité de son entendement, son accortise ou prudence: il fault considerer sa disposition vers la chose que nous voulons persuader, les respectz ou esgard que ceste personne peut avoyr a diverses choses ou personnes, qui le peuuent faire pancher plus d'vn costé que d'autre.

Le peuple & les ignorans se laissent plustost aller a l'utilité, & les gens d'honneur a l'honneur.

Les hommes aussy sont plus promptz a fuyr le mal qu'a faire le bien: & la crainte de celuy-la les esmeut avec plus d'efficace que l'esperance de cestuy-cy.

Il fault aussi sçauoir qu'il est plus aysé de persuader aux craintifz, deffiantz, & irresoluz de ne point faire que de faire quelque chose.

Les Empeschemens qui peuuent prouenir de ceste personne estans recognus, nous prendrons garde s'il n'y en a point quelque autre qui viēne d'ailleurs: comme si ell' est persuadée desia au contraire, si elle est lasse de parler, ou ouyr parler sur ce subiect, si ell'a perdu l'esperance de ce costé-la, si ell'est descouragée, peu soigneuse, & peu desireuse de faire ce que nous desirons, si elle est possedée de flateurs & gens contraires a ce que nous voulons persuader.

Moyens de les detourner.

En tous ces empeſchemens nous nous gouuernerons ſelon la qualité de la perſonne & du ſubiect. Car quelquesfoys il faudra doucement la reprendre & admonester de ſon debuoir, de perſeuerer a prendre aduiz de ſes amis, quelquesfoys luy dõner courage, luy faiſant recognoiſtre l'occaſion d'vne plus heureuſe iſſuë que par le paſſé, pourveu, qu'elle veuille ſuyure bon conſeil, & luy faire comprendre qu'elle ne doibt preſter l'oreille à ceux qui l'induiſent au contraire.

Quelquesfois il ſera a propos de l'excuſer, rejetter la faulte ſur la fortune, ou ſur autre choſe, promettre des remedes promptz & faciles, & combattre les paſſions par les moyens que nous avons desduits cy deſſus, & reveiller en celuy auquel nous avons a faire celles qui font pour nous.

Empeſchemens de la part de celuy avec lequel nous traictons.

Nous conſidererons auſſy les Empeſchemens qui nous peuuent venir de la perſonne, qui nous contrarie en ce ſubiect: & ſi ſõ authorité, la faveur, ſa puiſſance, ſon accortiſe, ou autre qualité qui ſoyt en luy nous peut nuyre, nous les diminuerons & rabaiſſerons le plus que nous pourrõs: ou bien nous les rehaulſerons monſtrans de craindre qu'elles ne nuyſent quelque iour a celuy que nous conſeillons, deſcouvrans la confiance & l'aſſeurance que celuy-la prend ſur ſes qualitez, remonſtrans combien telle confiance a nuyt & peut nuyre a celuy qui l'a.

Moyens de les deſtourner.

Et cecy plus ou moins ouvertement & librement ſelon la condition des perſonnes & autres circonſtances ayans touſiours eſgard a fuyr ce qui eſt pour nuyre & ſe ſeruir de ce qui peut ayder.

Et si celuy qui nous contredit à quelques mauvaises conditions, comme s'il est impudent, flateur, partial, corruptible, querelleux, inconstant, malin, poussé d'interest ou passion, nous nous en pourrons prevaloir pour luy diminuer son credit. Comme pareillement s'il a dict quelque raison foible pour soustenir sa contradiction nous pouvons monstrer son peu de sens & experience eu cest affaire.

Quelquesfoys les empeschemens peuuent venir d'autres personnes, comme celles auxquelles peut nuyre le conseil que nous donnons à quelqu'vn, si elles sont conjointes d'amitié, ou de parenté, ou obligation à celuy la. Lors nous diminuerons le dommage, ou bien proposerons des remedes au contraire, ou exaggerons par dessus ce dommage, l'avantage que celuy que nous conseillons en recevra, ou bien nous monstrerons que ceste personne là a changé de volonté & affection envers celuy que nous voulons persuader.

Empeschemens venãs d'autres personnes.

Moyens de les destourner.

Les empeschemens qui peuvent provenir des personnes lesquelles interviennent en un affaire estans ostez, il faut considerer si l'affaire d'elle-mesme n'a point quelque desgoust en soy qui puisse desfauoriser nostre entreprise: comme si elle trop difficile, ou presque impossible, esloignée de la pensée & creance ordinaire, peu vray-semblable, hazardeuse, iniuste, indigne, de peu de consideration, conseillée autresfoys en vain, en vain tentée & auec mauvaise yssuë, contraire a une resolution ja prise.

Empeschemens provenans de l'affaire mesme.

Ce que nous nierons, diminuerons, ou compenserons: & balancerons la difficulté, le peril, le deshonneur, & autres telz deffaux avec l'importance de l'affaire, monstrans qu'elle a changé de condition, & qu'il n'y faut point apporter de preiugé:

Moyens de les destourner.

les exemples ne se rapportans en toutes les circonstances.

Que si nostre malheur ou la necessité nous porte à persuader quelque chose qui ne semble en apparence honneste, nous l'exuserons ou comme necessaire, ou cõme practiquée par d'autres, ou comme propre & convenable au temps, tendãte à bonne fin, & conforme à l'opinion de plusieurs.

De la nous pourrons passer à l'vtilité.

Que si nous avons à combatre la necessité, il faudra entrer en comparaison de choses semblables, nier ceste necessité avec le plus de raisons que nous pourrons, faire ouverture d'expediens, tant pour eviter les dangers que l'on craint, que pour parvenir au bien que l'on desire.

Et pource que l'on n'entreprend pas volontiers les choses que l'on estime impossibles ou trop difficiles, si nous voulons destourner quelqu'vn d'entreprendre, nous amplifierons par le menu les difficultez: & ce moyen nous manquãt, nous combatrons l'vtilité comm'estant petite, nulle, où incertaine: peserons au contraire le mal qui peut venir d'vne telle entreprise si elle ne reüssit.

Et si nous ne pouvons la combatre par l'utilité, nous la combatrons par l'honnesteté & la iustice, monstrant que l'entreprise est peu honnorable pour celuy qui la veult faire, ou pleine d'iniustice.

Moyens de gaigner Creance.

Ces empeschemens ainsy levez, il faudra pour gaigner creance envers celuy que nous persuadõs nous accommoder à son inclination autant que le subiect nous le permettra; y tourner toutes noz raisõs, nous rendre complaisans & agreables, reveiller en luy les passions qui nous pourront servir, & faire naistre en son esprit vne certaine opinion que nous l'aymons, le prisons & honnorons, avec tel respect, qu'il recognoisse que nous ne voudrions avoyr mis rien en avant qui luy peust nuyre, faisant paroistre en tous nos discours nostre syncerité & preud'hommie.

La façon & l'ordre de proceder recognu, reste à reigler nostre parler & nostre silence gardant la modestie, & nous estudiāt à la briefveté sans obscurité, avec la bienseance, ou descence que requiert nō seulement nostre qualité, mais aussi celle des personnes auxquelles nous avons à faire, & des autres circonstances qui se rencontreront, fuyans principalemēt l'Importunité, le Mensonge, & la Vanité. 17. Reigler le parler & le silēce avec. Modestie. Briefveté. Bienseance. Fuyr.

L'Importunité en ne disant rien de fascheux ou mal à propos, ne repetant souvent une mesme chose, & ne parlant quand vn autre parle. l'Importunité.

Quant au Mensonge il est diversement consideré: ou selon la creance de celuy qui parle, & si celuy qui le dict le croit ainsy, il ne peut estre dict menteur, neantmoins il faict faulte d'asseurer vne chose qu'il ne sçait pas biē, & l'homme accort quelque creance qu'il ayt, fera plus sagement de se taire en tel subiect. Que si celuy qui le dict le croit autrement qu'il ne le dict, il est vray menteur, & telles gēs sont ordinairement peu estimez en la conversation comme ilz le meritent. Car en effect c'est trahit le commerce des hommes qui ne subsiste que par la creance que l'on doibt avoyr les uns aux autres, & n'y a plus grande lascheté que de se desdire de sa prescience. Le mensonge consideré. Selon la creance de celuy qui parle.

Ou nous considerons le mensonge selon le subiect des choses desquelles l'on parle, comme si nous parlons de nous ou d'aultruy. Parlans de nous à nostre avantage l'on nous estimera vains & menteurs tout Le Mēsonge consideré selon le subiect duquel on parle.

Parlant de nous.

ensemble, & le mensonge nous rendra odieux, & la vanité ridicules.

Parlant d'autruy.

Parlans d'autruy il se faut garder d'en parler avec desavantage. Car si la verité est en telz discours est odieuse, le mensonge le sera encores davantage, comme estant accompagné de malice: & neantmoins les compagnies des hommes sont remplies de mesdisans, & de gens qui pour paroistre plus entendus que leurs compagnons les reprennent volontiers & les blasment: ou au contraire il faut estre plus enclin a loüer qu'a blasmer.

a Sive plus, sive minus, sive idē præstas, lauda vel inferiorē vel superiorem, vel parem. Superiorem, quia nisi laudandus ille, non potest, ipse laudari, inferiorem aut parem, quia pertinet ad tuam gloriam, quam maximum videri quem præcedis vel exæquas. Plin lib. 6. Epist. 17.

Car si celuy duquel nous parlons est nostre inferieur ou egal en ce dont nous le loüons, nous le faisons non seulement priser par les autres, mais aussy nous apprenons à ceux qui nous cognoissent superieurs ou égaux à celuy-là, à nous priser & faire cas de nous.

Que s'il est recognu plus suffisant que nous ne sommes, le blasmant nous nous rendons ridicules & ineptes, & nous rauallons nous-mesmes d'autant pour ce que estans moindres que celuy-la que nous mesprisons nous sommes encores moins à priser *a*.

Il vault donc mieux parler à l'avantage d'autruy qu'au desavantage. Car encores que l'on impute à flaterie de dire beaucoup de bien d'autruy: neantmoins j'estime que c'est estendre la flaterie bien loing, ou si l'on veult appeller telles loüanges flatteries, je croys qu'il y a quelque flatterie excusable & quelqu'vne non excusable.

Quelque flatterie excusable.

I'appelle non excusable, si nous loüons quelqu'vn d'une meschanceté qu'il aura faicte, ou si nous le loüons en intention de le tromper, ou quand par noz loüanges nous luy donnons courage de faire mal

mal, ou que nous le loüons de ce qu'il n'a pas faict.

Mais quand nous loüons quelqu'un seulement pour plaire sans autre mauvaise intention, ou pour destourner quelque mal, ou pour quelque bien que nous en esperons sans le dommage d'autruy, ceste flatterie est excusable en la cõversation des hommes.

C'est pourquoy nous considerons aussy le Mensonge selon l'intention de celuy qui ment. Car ou il ment de gayeté de cœur, ou pour baye seulement, & cela appartient plus a un bouffon qu'a un homme d'honneur : ou bien il ment pour nuyre a quelqu'un & en ce cas ne faut entrer en consideration s'il peut profiter en ce faisant a vn autre. Car soit qu'il profite ou qu'il ne profite point, le mensonge estant nuysible a quelqu'un doit estre fuy par celuy qui veult viure en compagnie, de laquelle les principaux entretiens sont les bons & non les mauvais offices.

Le mẽsonge consideré selõ l'intention du Menteur.

Que si le mensonge ne nuyt a personne & profite a quelqu'un, l'on s'en peut dispenser pourveu que le subiect le vaille.

La Vanité qui est l'autre vice que nous debvons fuyr en noz discours, a deux principales branches, la Vanterie & la Presomption.

Fault fuyr la Vanité consistant en Venterie.

Nous avons dict quelque chose cy devant de la Vanterie, laquelle est ridicule quand l'on se vante de chose que l'on n'a pas faicte. Celuy qui raconte & loüe ce qu'il a faict est vn peu plus excusable, mais en cela se montre-il peu accort, qu'au lieu de se faire priser il se faict mespriser, la loüange qui vient de sa bouche ne pouvant estre bien receüe. *a*

C'est pourquoy s'il advient que nous parlions de nous, ce doibt estre avec beaucoup de retenuë & de modestie, n'estant moindre faulte en vn homme

a Omnis quippe ostentatio non caret suspicione mendacij. Quia quidquid assumitur proprium non putatur, Dehinc iactantia ...

de se vanter que de se blasmer soy-mesme.

Qant a la Presomption elle s'estend plus loing que le discours. C'est pourquoy laissant ce qui regarde les actions, je diray qu'elle paroist en deux sortes en noz discours: ou ne voulant ceder a l'adviz de personne, d'où vient l'opiniastreté: ou voulant que l'on cede au nostre, d'où vient une odieuse & iniurieuse contradiction, a fin d'estre veuz plus sçavoir & entendre que les autres, & avoir le dessus par tout. Il se fault esloignet de l'vne & l'autre façon de proceder, & sur tout s'il y a lieu de Contradiction, il ne s'y faudra jecter avec hardiesse, aygreur, ny opiniastreté: mais il la faudra adoucir par motz & termes humbles [b] faisant plustost semblant de vouloir estre instruit par autruy que de vouloir enseigner: & la proposant par forme de doubte & de difficulté, & non par resolution affirmative ou negative.

Et afin qu'elle soit bien prise, il fault qu'elle naisse tout a l'heure mesme du propos qui se traicte, & nõ d'ailleurs, ny d'autre chose precedente: qu'elle ne touche point la personne, mais la chose seulement au contraire faudra loüer la personne a laquelle l'on contredit, & quelquesfois nous confesserons nostre doubte, nostre faulte, & nostre ignorance, & mesmes cederons quand il sera de besoin.

Mais sur tout nous nous garderons d'entrer en contradiction contre deux sortes de persounes; a sçauoir ceux ausquelz nous debvons respect de peur de les offencer; & ceux qui sont bien au dessoubs de nous, de peur de nous ravaler trop, nous rendans par la contestation egaux a eux, & y ayant d'ailleurs plus de honte d'estre surmonté par eux, que d'honneur a les surmonter.

ra laudis multum decoquit de pudore.
Symmach.

presomptiõ Mere.

d'Oppiniastreté & Contradiction.

Comme il se fault cõporter aux Contradictions.

b Πολλοῖς ἀντιλέγειν μὲν ἔθος περὶ παντὸς ὁμοίως, Ὀρθῶς δ' ἀντιλέγειν, οὐκέτι τοῦτ' ἐν ἔθει. Καὶ πρὸς μὲν τούτους ἀρκεῖ λόγος ὡς ὁ παλαιός, Σοὶ μὲν ταῦτα δοκοῦντ' ἔστιν, ἐμοὶ δὲ τάδε.
Euenus apud Stob. serm. 80.

L'homme accort auſſy en ces conteſtations ne s'eſtonnera ou s'offencera des opinions d'autruy encores qu'elles luy ſemblent extrauagantes, non plus que des ſottiſes, indiſcretions, & legeretez qui ſe feront en ſa preſence : mais conſiderant en quoy elles luy peuuent eſtre vtiles, ſoit pour s'entretenir en la conuerſation de telles ſortes de gens, ſoit pour s'en donner garde, ſoit pour acheminer le deſſein qu'il peut avoir, il en prendra avantage.

A cela, & en pluſieurs autres rencontres eſt neceſſaire la Diſſimulation derniere, mais principale partie de l'Accortiſe, ſans laquelle il eſt du tout impoſſible de ſe pouuoir ſeuremunt conduire parmy les actions & malices des hommes. Car ne ſçauoir pas couvrir ſon jeu donne beaucoup d'auantage à ceux qui veulent entreprendre, nõ ſeulement contre ceux qui ne s'en donnent de garde, mais auſſi contre leurs amis. Pource que les affaires de leurs amis ſont liees aux leurs : & ne plus ne moins que les Ioüeurs, qui mõſtrans leurs Cartes ne ſont pas ſeulement cauſe de leur perte, mais auſſi de celle de leur compagnon ainſi les amis de ceux-cy participent à leur dommage.

De la Diſſimulation.

Neceſſaire parmy les affaires.

Pour nous.

Pour nos Amis.

Outre cela, l'on ne peut avoir grande confiance à celuy qui ſe deſcouure ſi ayſement, d'où vient que telles gens le plus ſouvent demeurent ſans conſeil au milieu de la neceſſité de leurs affaires.

Mais ceux avec leſquels l'on doibt principalement vſer de Retenuë & Diſſimulation, ſont ceux, leſquels pour tirer quelque ſecret de nous ont de couſtume d'eſpier les occaſions, eſquelles ils peuvent gaigner quelque creance envers nous ; ou qui par la communication de quelque affaire, lequel le plus ſouuent n'importera de rien, ou de peu, s'efforcent de nous faire prendre confiance d'eux pour tirer quelque cho[s]e plus importante, feignant tantost de hayr l'vn & aymer l'autre, nonobstant qu'ils ayent l'esprit dispose tout au contraire.

Et bien que la Dissimulation soit necessaire à toutes sortes de personnes, si l'est elle d'avantage à vn homme de Court pour conduire son Ambition. *a*

Si faut il prendre garde toutesfois d'vser de la Dissimulation comme l'on fait des antidotes en la composition des medecines, qui meslees à propos profitent, & hors de saison nuisent.

La Dissimulation, non plus que la subtilité, estant descouverte non seulement ne sert plus de rien à son maistre, mais iette ceux qui le hantent en deffiance de luy.

Or elle se practique en trois façons, ou par le Silence, ou de Parole, ou par actions & apparences exterieures.

Par Silence en taisant ce qui nous pourroit nuire *b* ou à nos amis, nos desseins, nos pensees, nostre secret & le leur. Et sur tout nos offences, non seulement pour nous donner plus de moyen de les vanger, si elles meritent que nous en venions là, mais aussi pour ne point conuier celuy qui nous a offensé, de nous en faire de plns grandes pour prevenir nostre vengeance. Ceste dissimulation qui se fait avec le silence est approuvée en toutes occasions. Et ainsi les Senateurs se comportoyent enuers Tibere faisant le plus souuent contenance de n'entendre pas ses desseins.

Toutesfois il y a des rencontres ou le silence seroyt suspect, & est a propos de les relever, & faire cognoistre que l'on n'en est pas content, en sorte

a *Ambitio multos mortales falsos fieri subegit, aliud clausum in pectore, aliud in lingua promptum habere.* *Amicitias inimicitiasque nõ ex re, sed ex commodo æstimare, magisque vultum quã ingenium bonum habere.* Salust. in [illegible]

[illegible] Di[illegible]

[illegible] le Silence.

b [Greek, partly illegible] Eurip. in Oedip.

c *Ne dissimulans suspectior foret.* Tacitus.

neantmoings qu'apres une legere plainte nous faisions croire que nous ne nous en voulons resouvenir ny resentir. *a* Valens ne pouuant punir ses soldatz qui s'estoyent mutinez en accusa quelques vns de peur qu'en voulant dissimuler ceste faute, il n'entrassent en opinion qu'il les voulust chastier plus rudement.

a Quibus vnusmetus si intelligere viderentur. Solum remedium insidiarum si nō intelligerentur. Tacitus. *Archelaus, si intelligere crederetur, vim metuens.* Tacitus.

Mais il advient souvent qu'il est besoin de Dissimuler de parole, ce qui requiert plus d'artifice. Il y en a qui en ce cas rompent le propos & saultent en un autre, mais cela ne reüssit pas bien tousiours.

Par paroles.

C'est pourquoy la responce en telles rencontres doibt estre semblable a la retraicte que l'on fait sans fuyr, & sans combattre: observant trois pointz. Le premier de n'entrer en denegation de la verité tout a faict. Le second de ne dire ce que l'on ne doibt point, & qui peut nuyre. Le troisiesme est de laisser l'esprit de celuy auquel nous parlons en doubte par termes doubteux, & a double entente, & plus la responce sera retenuë & reservée, plus sera elle loüable.

Il est permis encores de Dissimuler avec exterieures apparences, cachant nostre ioye, tristesse, esperance, desir, crainte, colere, ou autre passion, & ne faisant semblant ny de voir ny d'oüyr ce qui se faict, & ce qui se dict, si l'on ne le peut relever auec fruict, ou avantage.

Par apparences exterieures.

Mais comme la dissimulation faict part de l'Accortise, la sçauoir descouvrir en autruy, & au travers d'icelle recognoistre le fondz des pensées de ceux ausquelz nous avons a faire, est chose tres-necessaire en la Court. Les moyens qui servent a concilier l'amitié, servent aussy a faire ouvrir celuy qui se fie en nous. Aucunes nations addonnées a boyre y ont employé le vin, qui descouvre ordinairement les secretz de son Maistre. *a* Quelquesfoys sans le vin la chaleur du discours nous emporte a dire beaucoup de choses desquelles nous nous repentons *b*.

La façon de laquelle nous nous comportons en nostre Colere *c* faict aussi iuger du surplus de nos humeurs, comme aussi la prosperité, & l'adversité. *d*

Il y en a eu qui y ont employé le Ieu, *e* auquel se presentant occasion d'exercer tous les mouvemens de nostre Volonté, nous les manifestons plus volontiers en la privauté & familiarité qui se practique parmy les Ioüeurs. Mais avec tout cela il y faut du temps. *f*

Bref pour recueillir en peu de mots la contenance d'vn homme accort, faut qu'il àit l'esprit tendu pour examiner par le menu les actions d'autruy & les siennes, qu'il se tiēne tousiours sur ses gardes & à soy, qu'il voye, entende, & iuge tout, mais qu'il parle peu, couvrant ses pensees, ses volontez & ses desseins, auec neantmoins vn visage ouuert & agreable à tous.

† La Dexterité est tellement iointe à l'Accortise que l'vne ne peut estre sans l'autre.

Nous appellons ordinairement Adextres ceux lesquels sont legers propres & habiles à toutes sortes de mouuemens, & qui sçauent avec disposition surmonter les mauvais & fascheux passages.

† C'est selon ceste similitude que l'on appelle Dexterité aux affaires ceste puissance & vertu, par le

a Reges dicuntur multis vrgere culullis, Et torquere mero quem perspexisse laborant, An sit amicitiâ dignus. Horat.

b Ἀνδρὸς χαρακτὴρ ἐκ λόγου γνωρίζεται. Stob.

c Πολλάκις ἀνθρώπων ὀργὴ νόον ἐξεκάλυψε Κρυπτόμενον, μανίας ἡ πολὺ χείρονα. Evenus apud Stob.

d *Ingenium res Adversæ nudare solēt, celare secundæ.* Horat.

e *Ludimus incauti, studióque aperimur ab ipso. Nudaque per lusus pectora nostra patent.* Ouid.

f Ἦθους δ' βάσανος χρόνος ἐστὶν ἀνθρώποις.

Conclusion de l'Accortise. † 18. De la Dexterité laquelle consiste à Surmonter & se desfaire des mauvais passages. † Rendre les chosses difficiles, faciles.

moyen de laquelle l'on les traicte heureusement, rendant ce qui est difficile, facile & plaisant, & les receuant & representant sans fiel & sans amertume.

Il y a au contraire des hommes si ineptes que de petites choses ils en font de grandes, les faciles ils les font difficiles, & les aigres les aigrissent d'avantage: ne peuvent traicter vne affaire que d'vne mauuaise façon, la tendant manque, imparfaicte, & quelquesfois impossible, faisans comme les mauvais Chirurgiens, lesquels au lieu de guarir rendent la playe incurable, & au lieu de la coudre la deschirent.

Au contraire les iudicieux & entendus adoucissent le mal avec des vnguents lenitifs, ou, s'il faut couper, ils endorment tellement le patient, qu'il n'en sent aucun mal. A l'exemple desquels les hommes adroicts representent les choses fascheuses, en s'insiuuant doucement en l'esprit de ceux ausquels ils parlent, sans violence, & sans les ennuyer, les disposans peu à peu à entrer en consideration de leurs raisons. Et se servent de ce moyen, principalement envers ceux, lesquels ou pour auoir vn naturel aspre & difficile, ou pour quelque passion ou interest se monstrent insupportables, vsans de parole pleine d'arrogance, & telle qu'il semble nous vouloir plustost desfier au combat, que de traicter auec nous amiablement: pource que de l'impetueux assault de ceux-cy, lesquels quasi comme taureaux eschauffez viennent la teste baissée pour nous renverses, les personnes dextres se sauvent avec agilité d'escrime, c'est a dire dexterité en tournant le discours d'un autre cotté: & d'vn leger sault passant a quelque subiect plus agreable, ne s'alterent des pa-

Adoucir les aigres.

Eviter de heurter.

roles extravagantes qu'un autre par paſſion, ou par fougue aura dictes.

Reſpondre plaiſamment & agreablement.

Ce n'eſt pas comme quelques uns penſent, un acte ſervile ou d'homme peu ſenſé de reſpondre quelquesfois plaiſamment, & ſans ſe faſcher contre ceux qui ſont en colere, ou qui parlent avec paſſion. Mais c'eſt vne choſe digne d'vn eſprit temperé & plein de prudence, & plus convenable encores aux grandz, qu'a aucun d'autre condition, ne ſe devans moins efforcer de ſe rēdre maiſtres de leurs propres affections.

Bien recevoir & bien renvoyer l'eſteuf.

En ceſte dexterité donc nous nous comporterons de la meſmu façon que les ioüeurs de paulme font, leſquelz pour ne point commettre de faulte au jeu, ne regardent pas ſeulement a pouſſer la balle dextrement, mais auſſy font ce qu'ils peuvēt pour la bien recevoir, & pour la rejetter ou il leur ſemble plus advantageux pour lent jeu.

Ainſy en traictant ou converſant, nous debvons avoir la meſme conſideration, regardant de ne point faire de faulte au ſubject que nous traictons, y appottanr les paroles qui y ſont les plus propres, & recevant celles de celuy qui nous parle au mieux que le ſubject le poutra porter.

Faire ſemblant de ne point entendre.

Avec ceſt artifice nous pourrons quelquesfois diſſimuler honneſtement, & faire ſemblant de ne point entendre, ou de ne point ſçauoir quelque choſe qui importe au diſcours que l'on nous faict, afin de pouvoir avoir temps pour reſpondre & de n'eſtre point pris au deſpourveu.

Parler aucunesfois ambiguement.

Et les reſolutions, de l'evenement deſquelles l'on nous pourroit prendre a garend, doivent eſtre tellement conçeuës, que de quelque coſté quelles tournent nous puiſſions demeurer ſur noz piedz, & trou-

& trouuer (comme l'on dict) vne porte de derriere, a l'exemple de la responſe de Mucianus à Antonius Primus qui luy demandoit ſon aduis s'il deuoit en attendant Veſpaſian attaquer Rome. a

a *Mucianus tam celeri victoria anxius & in praeſens urbe potiretur, expertem ſe belli gloriaque ratus ad primum & Varum media ſcriptitabat. Inſtandum coeptis aut rurſus cunctandi vtilitates edifferens. Atqui ita compoſitus vt eârum euentu rerum aduerſa abnueret, vel proſpera agnoſceret.* Tacit. 3. Hiſt.

† Ce ſera auſſi vn traict de Dexterité de ceder meſmes en choſes eſquelles nous pouuons auoir le deſſus ſi nous pouuons en cedant gaigner d'vn autre coſté d'auantage. Non plus ne faudra-il craindre de changer de party, d'expedient, d'opinion, ou de façon de proceder.

† Ceder quelquefois. Changer d'aduis & de propos auec occaſion.

C'eſt ſuffiſance d'eſtre ſoupple & maniable aux affaires, & vice d'eſtre trop partial & ialoux de ſes opinions : il faut tantoſt ſe monter & bander, & tantoſt ſe raualler & relaſcher.

Mais ſur tout faudra euiter l'occaſion de rompre auec qui que ce ſoit, ains s'excuſer auec les longs & importuns ſur la preſſe d'autres affaires, les remettãs à vne autrefois, ou leur remonſtrãt la qualité de l'affaire non traictable en ce temps, en ce lieu, ou l'impoſſibilité d'icelle.

Ne rompre auec perſonne.

C'eſt bien vn des points des plus difficiles & faſcheux en la Conuerſation que de refuſer a, chacun ſe perſuadant que ſa demande eſt iuſte.

C'eſt pourquoy aucuns accordent & promettẽt tout, voire ne pouuans, & qui pis eſt ne voulans tenir : eſperans qu'auant le temps de l'execution pluſieurs choſes arriueront, qui pourront empeſcher ou troubler l'effect de la promeſſe, & les deliurer de ce à quoy ils ſe ſont obligez ; ou bien qu'ils trouueront des excuſes & des deffaictes, ayans cependant donné contentement au demandeur, &

Comme il faut refuſer. a *Pars beneficij eſt quod petitur, ſi bene neges.* b χαλεπώτεροι γὰρ ἂν τῶν μὴ τυγχανόντων ἀπαντήσειαν οἱ ψευσθέντες τῆς ἐλπίδος, καὶ τὰ ὁμολογηθέντα μὴ νομιζόμενοι. Halycar.

plusieurs se payent mieux de ceste mõnoye que des simples esperances à ce que dit Aulus Sempronius. a

Mais telles façõs de faire ne sont bonnes que pour vn coup, pource qu'estant recognuës elles descrient celuy qui s'en sert souuent, cõme pareillement ceux se descrient qui se seruent de ces esperances pour contenter leur vanité, & se faire suyure & courtiser.

Le plus seur est de n'accorder ny promettre que ce que l'on peut, ce que l'on doit, & ce que l'on l'on veut tenir.

Que si ce que l'on nous demande n'est de ceste qualité, nous differerons la respõce le plus que nous pourrons soubs diuers pretextes: ou bien ferons changer de dessein à ceux qui nous pressent, en leur proposant au lieu de leurs demandes quelque autre chose en laquelle nous les puissions ayder, ou faire cognoistre nostre bonne volonté enuers eux, encores qu'elle ne soit pas pour reussir: ou bien nous composerõs nostre promesse en termes si generaux, qu'ils ne nous puissent obliger precisément.

Ceste derniere forme de proceder est vn peu esloignée de la franchise: mais l'iniustice des demandes la peut rendre excusable, mesmes si le refus procede plustost d'impuissance que de faute de bonne volonté: des effects de laquelle nous donnerons toute asseurance en autre subiect & autre occasion qui dependra de nous à ceux que nous refuserons. Ainsi leur reueillant le courage par l'esperance qu'ils prendront que la porte ne leur est pas du tout fermée pour venir à bout de quelque autre affaire, non seulement nous adoucirons le refus, mais aussi ce refus sera pris par les plus moderez pour grace & faueur. b

a *Nihil æquè amarũ quam diu pendère, æquiore quidam animo ferunt præcidi spem suam quam trahi: plerisque autem hac vitium est ambitione praua differẽdi promissa, ne minor sit rogãtium turba qualis regiæ potentiæ ministri sunt, quos delectat superbiæ suæ longum spectaculum, minusque se iudicant posse, nisi diu multumque singulis quid possint ostendant, nihil confestim, nihil semel faciunt, iniuriæ illorum præcipites, lenta beneficia sunt.* Senec.

b *Minus decipitur cui Negatur celeriter.*

Il reste a perler de quatre autres parties necessaires en un homme qui veut viure à la Court qui sont Patience, Humilité, Hardiesse, Suffisance, ou Capacité. Pour le regard de la premiere, vn vieil courtisan auquel fut demandé comment il estoit vieilli & auoit peu durer si long temps en la Court, respondit que c'estoit en supportant † les iniures patiemment & en remerciant. Auguste à ce qu'on escrit aimoit Agrippa pour sa patience, & Mecœnas pour estre secret.

Publi.

De la Patience.

Supporter les iniures.

Notißima vox est eius qui in cultu regum consenuerat, cum illum quidam interrogaret quomodo rarißimam rem in Aulæ consecutus fuisset senectutem, iniurias, inquit, ferendo, & gratias agendo, Sæpe adeo vindicare iniuriam non expedit, vt ne fateri quidem expediat. Seneca lib. 2. de Ira.

Mais la patience de Court ne gist pas seulement à supporter & dissimuler les iniures ; ains aussi (cõme nous auons cy deuant dit) les desfaux & impertinences d'autruy, n'y ayant rien si odieux que de vouloir reprendre & faire le Censeur : encores que la vanité de plusieurs les pousse là, de penser qu'ils ne peuuent estre estimez s'ils ne controllent les actions d'autruy.

Toutesfois telles gens ne sont ordinairement admirez que des ignorans, & leur conuersation ne peut estre supportée que par gens qui leur sont de beaucoup inferieurs : & s'ils n'ont grande suffisance ils se rendent le plus souuent ridicules à ceux-mesmes qui font semblant de les admirer,

Le Courtisan donc se gardera de mesdire ou se mocquer mesme des choses qui sont veritables, lesquelles piquent le plus, & desquelles les grands se ressouuiennent mieux & plus long temps.

Vne autre sorte de Patience de Court est de s'y rendre assidu, & ne l'abandonner pourquelque rebut ou disgrace qui auienne, sãs y tenir tousiours vn pied, n'y ayant rien si sujeςt au changement que la

Pertraxêre ad Domitianum qui paratus simulatione in arrogãtiam cõpositus, & audiit preces excusantis & cum am-

volonté des Princes & des grands, qui est en perpetuel flux & reflux.

Mais sur tout il se faut tenir le plus prez de son Maistre & avec le plus d'assiduité que faire se peut: non seulement pour euiter les calomnies que l'on preste ordinairement aux absens: mais aussi pource qu'il se peut rencontrer telle occasion bien que legere *a*, que vous serez le seul de tous ceux qui lors seront prez de luy, qu'il aura remarqué le plus assidu: & par ceste assiduité recognoissant vostre affection à son seruice, il croira vous pouuoir fier le commandement qu'il voudra faire, duquel avenant que vous vous en acquittiez dignement, le Prince vous prendra en grace & continuera de vous en faire d'autre & se seruir de vous.

Il y a en la Cour (aussi bien comme l'on dit en l'amour) l'heure du charretier, & vn Prince a besoin de tant de sortes de gens, que celuy qui quelquefois est estimé le plus inutile se trouue quand l'occasion se rencontre, & que la fortune luy en veut dire, estre & vtile & agreable au Prince.

Vn autre effect de Patience necessaire en la Cour est si l'on entreprend vne affaire auec apparence & raison, de l'opiniastrer iusques au bout, & ne la demordre point, comme aussi de ne rien precipiter, mais attendre l'occasion.

Plusieurs qui auec le temps pouuoient esperer se voir haut esleuez, voulans preuenir leurs esperances se sont non seulement reculez, mais par leur precipitation ont perdu leur fortune. *a*

† L'Humilité n'est pas moins necessaire en Cour, laquelle estant composee pour la pluspart de gens Vains & Ambitieux, & qui le plus souuent n'ont rien de recommandable en eux, ils recerchent ces

nuisset agi sibi gratias passus est. Nec erubuit beneficij inuidia. Taci. in Agricola, *Si sapiens iniurias fortunæ moderatè fert quanto magis hominum potentium quos scis fortunæ manus esse.* Seneca, *Lysimachus æquo animo Regis veluti parentis contumeliam tulit,* Iustinus.

† Les desfaux & impertinences d'autruy.

Estre assidu.

a Non nunquam parva res præbuit materiam adipiscendi fauoris. Tacit.

Opiniastrer vne affaire raisonnable

Ne rien

apparences & ſubmiſſions exterieures qui leur ſont faictes par autruy pour ſe faire valoir : & d'autant y prennent-ils garde de plus pres qu'ils recognoiſſent en eux y auoir moins de ſubiect & de merite.

L'Humilité toutesfois ne conſiſte pas ſeulement en ce poinct. Car elle paroiſt en nous, ou par l'opinion que nous faiſons cognoiſtre auoir de nous-meſmes, ou par la volonté & deſir que nous auons d'entreprendre ſelon noſtre portee ou au deſſoubs d'icelle, ou bien par nos deportemens exterieurs.

L'opinion qu'vn eſprit humble a de ſoy conſiſte à s'eſtimer peu, ſe croire inutile, recognoiſtre ſa foibleſſe afin de ne rien entreprendre par deſſus ſes forces.

Or bien qu'en l'interieur nous debuions auoir ceſte opinion de nous, toutesfois il ſuffira à l'homme de Court de ne ſe vanter point de choſe qu'il ne puiſſe faire, & ne ſachant iuſques où peut aller ſon pouuoir il fera ſans dire.

Ainſi il ſe tiendra ſans ſe priſer & ſe promettre trop de ſoy, & ſans auſſi ſe meſpriſer, & ſe rendre ſi vile & inutile que cela puiſſe induire les autres à ne tenir compte de luy.

L'Humilité qui conſiſte en la volonté a deux parties, l'obeïſſance aux commandemens de ceux deſquels nous dependons, & la moderation de nos deſirs de laquelle nous auons parlé cy deuant.

Quant à l'Humilité qui paroiſt en l'exterieur elle ſe remarque en la contenance ou geſtes, aux paroles, & aux actions.

En la Contenance par vn regard modeſte, non eleué ny trop hardy, par vn ris moderé, & non vne rizée ou mocquerie, & par façons reſpectueuſes comme ſalutations, reuerences, & autres ſembla-

precipiter. a *Butridium Artibus honeſtis copioſum & ſi rectum iter pergeret ad clariſſima quæque iturum feſtinatio extimulabat, qua multos bonos peſſum dedit dum æquales de hinc ſuperiores, poſtremo noſtras ipſemet ſpes anteire paramus, ſpretiſque quæ tarda cum ſecuritate, præmatura, vel cum exitio properamus.* Tacit.

† De l'Humilité.

En l'opiniõ que nous auons de nous-meſmes.

En l'obeïſſance.

En la moderation de nos deſirs.

En l'exterieur.

bles ceremonies.

Comme en la Contenance. Ès paroles. En paroles comme par offres de services & semblables complimens, comme aussi parlant sobrement, à propos & avec respect, nous taisans iusques à ce que l'on nous interroge & nous rendans attentifz à ce que l'on nous dict.

Es actions. Ez actions l'on faict trois degrez d'Humilité: se soubzmettre aux grandz, & ne se priser plus que ses egaux, se soubzmettre à ses egaux, & ne se priser plus que le plus petit; & le troisiesme se soubzmettre au plus petit.

Plusieurs estiment qu'il suffit au Courtisan de se tenir au premier degré; de peur qu'vne humilité trop basse le face mespriser. Mais la Court estant tellement composee que souvent le grand a besoin du petit, & y ayans des offices qu'autres que les plus petits ne peuvent faire, l'on est aussi contraint de les recercher par caresses & autres contenances humbles. Cæsar qui vivoit en vne Republique en laquelle ceste humilité n'estoit pas moins necessaire à vn homme ambitieux, qu'en la Court d'vn Prince; caressoit & flattoit iusques aux moindres du peuple à ce que dict Dion.

Il faut toutesfois garder mediocrité en cecy, & se comportant selon la qualité des personnes & du besoin ne se laisser trop aller à la depression, mais tenir l'humilité au dedans d'vne courtoisie & bienseante affabilité.

Quelques vns venans de bas lieu & se voyans élevez en credit en peu de téps, ont pris opinion qu'ilz ne pouvoient surmonter le mespris de leur premiere condition s'il ne le portoient haut, & ne se faisoient craindre, remettans à se moderer & reprendre les façons douces & courtoises quand par la continuation de leur bō-heur le mespris avec la souvenance de leur premiere condition seroit effacé.

Mais il est à craindre que ce changement n'advienne que difficilement ou trop tard, vn homme qui s'est accoustume à l'orgueil ne s'en pouvant aisement desfaire.

† La Hardiesse est aussi vne partie tres-necessaire à celuy qui hante la Court (où les honteux le perdent *a*,) soit pour se donner entrée en plusieurs lieux esquels il se fault produire de soy-mesme: soit pour ne se point rebuter pour vn refus ny deux; mais se presenter tousiours avec mesme asseurance. *b*

Car encores que l'Importunité soit fascheuse à plusieurs, neantmoins il y a des naturelz qui veulent estre pressez.

Ceste Hardiesse toutesfois doibt estre accompaignée d'vne grāde discretion & modestie, de peur qu'elle ne soit interpretée a impudence & effronterie, laquelle est subiecte a beaucoup d'affronts & de mauuaises rencontres.

Pour le regard de la Suffisance du Courtisan; comme la Court est composée de toutes sortes de gens, & que toutes sortes d'affaires s'y traictent, aussi faut-il que celuy qui la hante soit meslé & versé en toutes sortes d'affaires, tant afin de pouuoir estre employé en toutes sortes d'occasiōs, que pour se rendre necessaire a plus de gens, & acquerir plus d'amis & de credit.

Si toutesfois il ne peut, il se doit principalement rendre capable de ce qui est plus prisé en la Court en laquelle il veut viure. Car en aucunes Cours nous voyons les gens d'vne profession auoir plus d'authorité que les autres: comme en la Court d'vn Prince Belliqueux, les gens de guerre: en la Court

† De la Hardiesse, pour se presenter & ne se rebuter des refus.

a *Quorundā parum idonea est verecundia rebus ciuilibus.* Senec.

Tardiores habet processus verecundia, quæ facit vt inter merita sui honoris hæreat. Symmach.

b *Decet negare qui timide rogat.* Senec.

De la suffisance de Court.

d'vn Prince Religieux, les Ecclesiastiques : en la Court d'vn Prince vieil & maladif, les Medecins : en la Court d'vn Prince Pacifique & Iusticier, les gens de robe longue, en la Court d'vn Prince auaricieux, prodigue ou necessiteux, les gens de finances qui sçauent mesnager ou inuenter nouueaux moyens de trouuer argent & en la Court d'vn Prince sçauant & addonné aux sciences, les gens de lettres y seront les bien venus.

Dont nous pourrons iuger quelle sorte de Suffisance sera necessaire a vn homme de Court par l'inclination du Prince, & par la qualité des affaires qui s'y traicteront.

Mais comme les affaires d'Estat sont les plus ordinaires nous nous en informerons plus diligemment que de toutes les autres, mesmement des humeurs, interestz & dependances de ceux qui les manient, & qui y doibvent interuenir comme aussi de la suite, qui est ce que les Courtisans ignorent le plus.

Pource que la Court estant subjecte à changement, & ceux qui manient auiourd'huy n'estans pour demeurer long temps en authorité, soit pour estre distraictz par autres occasions, soit par manquement de faveur, ceux qui entrent en leur place sont subiects à faire de grandes fautes, ne sachans comme les affaires se sont passees, & ignorans les principaux motifz de ceux qui les ont maniees avãt eux: d'où aduient que changeans de route leur maniment est souvent descrié, & trouvé mauvais par le Prince mesme, & ainsi leur faveur ne dure guere.

Cecy suffise touchant les parties qui sont necessaires en vn Courtisan. Voyons comme il les doibt employer en sa Conduitte.

SECONDE PARTIE.

EN la conduite de toutes noz actions nous devons considerer quelle est la fin principale a laquelle elles doiuent tendre.

La fin de ceux qui se jettent a la Court, est fort diverse. Car les uns y sont conviez par le profit, les autres par l'ambition & uanité des honneurs

Aucuns y sont poussez par une envie de commander, & quelques-uns (a ce que dict Senecque) de gourmander, nuyre, & travailler les autres : fort peu pour le service, bien, & avancement des affaires du Maistre.

But commun de tous les Courtisans est la faveur des Princes. La faveur presuppose la cognoissãce de la personne favorizee, & agréement de ses actions.

Mais pour en venir là, le but commun auquel tous les Courtisans visent, est de gaigner la faveur du Prince. En ce point gist toute leur science, & s'employe tout leur travail.

Or toute faveur de Prince presuppose deux choses, la cognoissance de la personne qui recherche d'estre favorisee, & un agréement de ses actions, & deportemens ou autres parties recommandables.

Ceux qui par le rang de leur maison, ou par l'authorité & debvoir necessaire de quelque charge hereditaire ou venale, petite ou grande, ont quelque entree prez du Prince, sont delivrez du pensement de la premiere, & ont presque fait la moytié du chemin.

Moyens de se faire cognoistre.

Les autres qui sont privez de ces avantages, ont bien plus de peine au commancement, mais estans parvenus a la cognoissance d'un Prince qui les juge propres pour le servir, souvent ilz poussent leur fortune plus hault : pour ce qu'estans elevez de bas lieu ou pauvre (quoy qu'aucunefois noble) ilz se rendent plus subjectz, plus obeïssans & plus attachez aux volontez du Prince, lequel ilz recognoissent comme pour Pere de leur fortune & (s'il est permis d'user de ce terme de Court) pour leur createur. Ce que ne font pas les grandz, qui estans nez telz sont obligez par la dignité de leurs charges, ou de leurs maisons a certains respectz qui regardent leur honneur particulier, preferans en plusieurs choses leur propre sens au desir du Prince : lequel d'ailleurs est plus retenu a les avancer quelque-fois, a cause de la jalouzie, & de la crainte qu'il peut avoir, que leur donnans trop d'authorité, ilz ne le mesprisent & maistrisent, ne pouvant les desfaire sans mettre en hazard sa personne & son estat. Ce qu'il peut plus aysément faire d'un homme de moindre condition, auquel il n'a pour cest effect qu'a tourner le doz, & l'abandonner a l'envie des grandz.

Les grands ne sont ordinairemét si attachez au Prince que ceux de moindre condition.

I'entendz parler icy des Princes avisez, lesquelz sçavent eslever ceux qu'ilz desirent favoriser, en moyens, honneurs & authorité iusques a un certain point, ſans commettre a un ſeul toutes les forces de leur eſtat, & luy ſoubzmettre les grands, comme ont faict quelques uns, qui s'en ſont mal trouvez.

Deux chemins pour s'avancer.

Or entre les divers chemins qui ont eſté tenuz par ceux leſquels ont recherché de s'avancer en credit & authorité, il y en a deux qui ont eſté plus battus que les autres.

La recerche des charges & dignitez.

L'vn eſt de rechercher les charges, offices, dignitez, & paſſer de degré en degté juſques a celles qui approchent plus prez du Souverain.

La ſuitte de la Court, & maniment des affaires du Prince.

L'autre eſt de ſuyvre la Court & rechercher d'eſtre employé aux Commiſſions extraordinaires & affaires particulieres du Prince.

Ce dernier ſans doubte eſt le plus court, & a eſté ſuyvy par ceux qui ſont parvenus au plus haut point de faveur prez de leurs maiſtres, comme Mecœnas pres d'Auguſte, & Criſpe Saluſte prez du meſme Empereur *a*, & depuis pour quelque temps pres de Tybere ſon Succeſſeur.

Tacite dict que Mella frere de Senecque pour s'egaler aux conſulaires & acquerir plus promptement & puiſſance & moyens, meſpriſa la recherche des offices & dignitez pour s'employer aux commiſſions & affaires particulieres de l'Empereur *b*.

a Criſpus Saluſtius quam promptus ad capeſſendos honores aditu. Mecœnatem æmulatus ſine dignitate Senatoria multos triumphalium conſulariumque potentia anteijt, &c. Tacitus.

* Quant aux moyens de ſe faire cognoiſtre enſemble de ſe rendre agreable au Prince, il y en a auſſi de pluſieurs ſortes ſelon la diverſité des ſubiectz & occaſions qui ſe rencontrent : ſoit

b Mella, quibus Gallio & Seneca parentibus natus, petitione honorũ abſtinuerat per ambitionẽ præpoſteram, vt eques Romanus conſularibus potentia æquaretur. Simul acquirendæ, pecunia breuius iter credebat per procurationes adminiſtrandis Principis negotijs. Tacitus.

*Deux principaux moyens de ſe faire cognoiſtre au Prince, par quelque ſignalee action ou ſeruice, par l'ayde & entremiſe d'autruy.

que nous nous faisions cognoistre de nous mesmes par quelque signalé service ou action, ou par quelque suffisance & vertu non commune qui soit en nous: soit que nous soyons produitz a la cognoissance du Prince par autruy, qui est la forme d'auancement la plus ordinaire.

Le Prince est elevé tellement au dessus du commun, & entouré d'une telle presse des grands & des vieux Courtisans, qu'il est bien difficile qu'un nouveau venu se puisse faire voir a travers de ceste foule, si quelqu'un des premiers ne le prend par la main, & ne luy faict faire place pour l'approcher, ou que luy-mesme ne face voir par quelque action extraordinaire.

Vitruve. Plutarque.

L'on faict un conte d'un Architecte nommé Dinocrates (autres l'appellent Stasicrates) lequel voulant se faire cognoistre de Alexandre le grand: & n'ayant peu seulement en approcher, quelque recerche qu'il eut faicte envers les grands de le vouloir presenter, s'avisa de se presenter de soy-mesme tout nud ayant le corps oint d'huylle, un chappeau ou couronne de branches de peuplier, l'espaule gauche couverte d'une peau de lyon, & en la main droicte une massuë, & alla en cest equipage trouver Alexandre seant en son lict de Iustice: la nouveauté de ce spectacle ayant faict tourner la veuë de tous les assistans sur luy, fut cause qu'Alexandre commanda que l'on le fit approcher, & l'ayant entendu encores qu'il n'approuvast sa proposition ne laissa de le retenir à sa suitte.

Cest exemple n'est pas rapporté icy pour induire a vn semblable bastelage celuy qui se voudroit faire cognoistre a la Court: mais bien pour faire voir que ceux qui sont reculez, s'ils ne sont assistez de quelque personnage de credit, ne peuvent fendre ceste presse sans quelque action ou rencontre non commune laquelle face ietter l'œil sur eux.

Consideration que le Courtisan doibt faire sur le Prince, & les autres Courtisans.

C'est pourquoy le Courtisan tāt pour se faire cognaistre, que pour se rendre agreable, a besoin d'entrer en consideration non seulement des qualitez du Prince: mais aussy de ses domestiques ausquels il a plus de confiance: & pareillement des grandz & de tous ceux qui se peuvent ayder: ou qui par jalouzie, crainte, envie, haine, où interest particulier d'eux ou de leurs amis le peuvent traverser.

2. Considerations a faire au Prince. L'inclination & faço̅ de proceder du Prince.

Au Prince le Courtisan considerera son inclination & sa façon de proceder qui est ordinairement conforme a son humeur: laquelle bien que souvent la pluspart des plus avisez Princes taschent de desguiser: neantmoins il est difficile qu'ilz le puissent si bien faire qu'ilz ne soyent descouvertz: pource que toutes leurs actions sont tellement en veuë de tout le monde, que de la suitte il est aysé de iuger où ils tendent: & l'importance des affaires les picque aucunesfoys de telle façon qu'il faut necessairement qu'ils facent paroistre par les mouvemens de leur esprit quel est leur naturel, & Tibere le plus ruzé & couvert de tous, n'a peu si bien ioüer ce roolle que chasqu'un de son temps ne l'ayt decouvert.

L'inclinatio̅ du Prince se reduit ou a ce qui sert a sa gra̅deur, ou a ses plaisirs.

Les inclinations des Princes sont diverses & presque infinies en ceste diuersité, comme celles des autres hommes: mais elles se peuuent reduire a ce qui sert ou à leur grandeur, ou a leurs plaisirs.

De la grandeur.

La grandeur consiste ou en reputation, ou en richesse, ou en l'obeïssance de leurs subiects, ou en la valeur & fidelité des gens de guerre, selon que le Prince panche plus d'vn costé que d'autre: selon cela ceux qui seront plus propres pour le servir (n'ayans d'autres parties qui luy soyent suspectes ou desagreables) seront les mieux venus pres de luy.

Des plaisirs & inclinatiõs vicieuses des Princes.

Les Princes aymẽt ceux qui les servent en leurs plaisirs.

De mesme est-il pour les plaisirs & les inclinations vicieuses. Vn Prince desfiant & craintif comme Tibere aymera vn Calomniateur hardy lequel ne craindra point l'envie des grands, & sera prompt a executer ses commandemens comme Tacite depeint Seian avoir esté *a*.

Et en ses desbauches s'il est yvrongne il approchera pres de luy des gens de semblable humeur, comme le mesme Tibere feit. Pomponius Flaccus & Lucius Piso, *b* avec lesquels il passoit quelquesfoys a boyre deux iours entiers & vne nuict de suitte, les appellant ses amis a tout faire, & a toutes heures, & ayant pour recompense donné a l'un le gouvernement de la Syrie, & a l'autre la prefecture de la ville de Rome.

Ce mesme Empereur prefera un homme de bas lieu & peu cogneu a plusieurs gens d'honneur qui poursuyvoient la quæsture, pource que (a ce qu'on dict) il luy avoyt faict raison (pour vser des termes de ce bel art) d'vne certaine mesure de uin qui contenoit 96. vertes *c*.

L'impudicité de Neron luy feist choysir Tigillinus *d* parmy ceux qui le servoyent en ses voluptez, & le mesme approcha prez de luy C. Petronius *e* pour estre l'arbitre de l'elegance de son luxe. Commodus & Heliogabale remplirent

a *Corpus illi laborũ tolerans, animus audax, sui obtegens, in alios criminator iuxta adulatio & superbia palam compositus pudor intus summa apiscendi libido.* Tacit.

b *Suetonius de Tiberio.*

c *Vini amphora.*

d *Tigillinus ex intimis voluptatibus assumptus.* Tacit.

e *C. Petronius.*

toutes les charges de l'Empire de gens aussy sales qu'eux.

Mucianus ne fut pas tant prisé & aymé pour sa fidelité & sa conduite, que pource qu'il estoit propre pour contenter l'avarice de Vespasian son Maistre.

L'avarice d'Isaacius Angelus Empereur de Constantinople (apres que Theodore Castamonita son Oncle fut mort) luy fist esleuer en credit un ieune Clerc de Finances, lequel à grand' peine sçavoit escrire, en consideration seulement de ce qu'il luy faisoit part des dons & des presens qu'il pouuoit tirer de ceux qui avoient à faire à luy.

Mamuel Comene aussi Empereur pour satisfaire à sa prodigalité, ayant besoing de quelque aspre exacteur & subtil inventeur de malетottes, chosit à ce que dit Nicetas un certain Iean de Puzé homme rude, fascheux, de difficile accez, insupportable, & tel que l'on met ordinairement en semblables charges *a*, auquel il donna tant d'authorité qu'il entreprenoit sur les functiõs de tous les autres ministres, iusques à casser les Edicts mesmes du Prince, & les ordõnances du Conseil *b*, retranchãt soubs pretexte de mesnage les plus necessaires charges, comme estoit l'entretenement des galleres, principale force de l'Empire.

Mais il n'est pas besoin de davantage d'exemples pour establir ceste maxime, laquelle n'est pas seulement cogneuë, mais aussi n'est que trop practiquée par ceux qui hantent les Princes, que quiconque veut estre bien venu prés d'eux, il doibt seconder leurs inclinations & leurs passions.

arbiter elegantiæ inter paucos familiarium. Neroni assumptus est, dum nihil amœnum & molle affluentiâ putat, nisi quod illi Petronius approbavisset. Tacit.

a *Homo durus & asper, Procuratore vultu qui præferat ipso.* Iuvenal.

b Τοσαύτης δ' ἐκ βασιλέως ἰσχύος καὶ ἐξουσίας ἀπήλαυσεν, ὡς καὶ διορθοῦσθαι τὰ βασιλικὰ θεσπίσματα, καὶ ἀπαγορεύειν [illegible]. Nicetas.

Qui veut estre bien-venu prés du Prince, il faut seconder ses inclinations.

c *Nemo suos (hæc est Aulæ natura potentis) Sed Domini mores Cæsarianus habet.* Martialis.

Icy l'homme de bien croira que c'est le banni de la Court que de l'attacher a suyure toutes les inclinations des Princes, lesquelles le plus souvent se trouvent hors des termes de raison & de preud'-hommie.

a *Malus est minister regij Imperij pudor. Haud est facile mandatum scelus audere, verũ iusta, qui reges timet, deponat aut pellat ex animo decus.* Senec.

A la verité *a* celuy qui veut mener vne vie du tout innocente & esloignee du train ordinaire de viure des hommes, lesquels sont faultiers & subiects a leurs passiõs, il fera beaucoup mieux de ne se point jetter à la Court, qui est (s'il nous faut ainsi parler) une grande putain laquelle corrompt aucunesfoys les plus entiers & les plus chastes.

Audi aliquid brevibus Gyaris & carcere dignũ Si vis esse aliquis. Iuvenal.

† Corruption de la Cour.

† Considerons seulement vn ou deux exemples de la corruption de la Court. Festinus compaignon de Maximim soubs l'Empereur Valentinian avoit gouverné l'Asie avec beaucoup de douceur & de reputation, blasmant les cruautez & calomnies dont Maximin vsoyt enuers plusieurs pour s'avancer.

Mais quand il veit que par ce moyen son compaignon avoit esté faict general des troupes Pretorianes, qui estoit la plus haulte dignité aprez celle de l'Empereur, il se resolut de changer de façon de proceder, & commettre plusieurs cruautez & iniustices *b*.

L'on peut a cest exemple y adiouster celuy de Iean de Putzé (duquel nous avons ja parlé) lequel mania quelque temps les affaires & les finances soubs l'Empereur Manuël avec beaucoup d'integrité, ce qui faisoyt que l'on supportoyt, son orgueil & brutale façon de proceder, plus doucement. Mais en fin il se resolut, à ce que dict Nicetas, de s'enrichir & faire comme les

b *Sed cum impiè peremptorum exequiis suffragantibus ad præfecturam venisse hominem competisset immeritum, exarsit ad agenda sperandaque similia & histrionis ritu mutata repente persona studio nocendi concepto incedebat, oculis infestis & rigidis præfecturam autumans ad fore propedium si ipse quoque se contaminasset*

autres

autres, conviant ses amis de faire de mesme: ce que ceux-cy ont fait par corruption, d'autres plus gens de bien qu'eux ont esté contraints de laisser faire aux autres de peur de se perdre, en s'efforçant de l'empescher.

insontium pœnis. Marcell. lib. 24 Plutarch.

Aristides iuste & d'effect & de surnom, estant commis à la sur-intendance des finances d'Athenes, s'y voulut porter au commencement en homme de bien, & empescher de dérober ceux qui estoient soubs luy; incontinent il fut accusé d'estre le plus grand volleur & le plus grand larron qui fut iamais entré en ceste charge: & à grand peine peust il eviter d'estre condamné. Ayant toutesfois en fin esté absouls, & continué en sa charge pour quelque temps, il resolut de s'y comporter comme les autres avoient fait devant luy, laissant dérober ceux qui avoient coustume de ce faire, & lors il se trouva fort homme de bien au dire de tous.

Il faut quelquesfois qu'vn hôme de bien laisse faire les meschans, & vivre à leur accoustumée.

Il en est de mesme en la plus part des Cours des Princes, ou par la malice de ceux qui gouvernent, lesquels n'y veulent voir de plus gens de bien qu'eux: ou pour la nonchalance & stupidité du Prince mesme; Il est difficile à vn homme de bien, de se maintenir longuement tel.

Toutesfois celuy qui est poussé à ceste sorte de vie, ou de la necessité de sa condition, ou par la grandeur de sa maison, ou par la dignité de sa charge, ou appellé par le Prince, ou par le desir de servir son pays ou ses amis: peut à mon advis, encores qu'il soit homme de bien, y vivre, ou au moins patienter pour quelque temps, & selon les rencontres, y profiter non seulement pour soy, mais aussi pour autruy.

Vn homme de bien peut vivre & patienter pour quelque temps à la Court.

Ie dits en la Court des Princes les plus facheux, y ayant beaucoup moins de difficulté de viure en la Court d'vn Prince sage qui fait estat de la preud'hommie.

Et comme plusieurs ont autresfois conseillé aux gens de bien de poursuivre le maniment des charges publiques, non seulement pour procurer le bien de leurs pays, mais aussi pour empescher que les meschans ne les occupent : Aussi crois-ie que pour les mesmes considerations ils doivent desirer approcher pres d'vn Tyran, ou d'vn Prince voluptueux, & rabattre tant qu'en eux sera les mauuais & pernicieux desseins du Prince, sinon directement & ouvertement, au moins indirectement & soubs-main, soit en les differents, ou y opposans des difficultez, soit en faisant ouuerture de quelques autres expediens plus doux & plausibles.

† Faut destourner ailleurs les mauuaises volontez du Prince.

† Burrus & Senecque deux sages Courtisans, & qui selon le temps estoient estimez des plus gens de bien, ayans esté ordonnez pour eslever la ieunesse de Neron, recognoissans que ce naturel ne pouvoit estre rangé au bien, mais estoit du tout enclin à lubricité, en danger de causer és familles de Rome, plusieurs adulteres & scandales *a*, se resolurent de luy bailler pour assouvir ceste lubricité vne affranchie, qui retint vn temps sa fureur, couvrans ses amours soubs la poursuitte qu'ils faisoient faire par vn des amis de Senecque nommé Annæus Serenus soubs le nom duquel Neron faisoit des presens à ceste femme. *b*

a *Metuebatur ne in stupra fœminarum illustrium prorumperet si illa libidine prohiberetur.* Tacit.

b *Atque ex Seneca familiaribus Annæus simulatione amoris adversus eandem libertam primas adolescentis cupidines celaverat, præbueratque nomen ut quod Princeps furtim muliercula dabat, ille palam largiretur.* Tacit.

Ainsi l'homme de bien ne pouvant empescher les debauches, desordres, ou mauuais desseins de son maistre, il les divertira doucement en endroict où ils facent moins de mal pour autruy & pour sa reputation.

† Mais quelqu'vn dira qu'il aduient peu souvent qu'vn Tyran ou Prince desbauché appelle pres de soy un homme de bien. Il est rares certes qu'il face ce choix, mais si diray ie qu'il se treuve peu de Courts de Princes si abandonnées, qu'il ne s'y en rencontre quelqu'vn: & s'il n'y est appellé par le Prince, il y aura peut estre esté conuié du desir de servir les gens de bien, & de balancer le pouuoir des meschans, s'aydant des moins mauuais, ou attaché d'affection, de familialité, de conuersation avec quelque grand, s'y sera entretenu en ne s'opiniastrant contre la violente inclination du Prince, & ne se laissant aussi aller tellement à une uile & abjecte servitude, qu'il participe à ses meschancetez & tyrannies, imitant en cela Lepidus soubz Tybere, que Tacite represente pour vn homme de bien & un sage Courtisan *a*.

Le mesme Tacite fait cas de deux autres Labeo & Capito, desquels le premier maintint discrettement sa liberté en la Court, & en estoit prisé de tous: & le dernier se rendit agreable au Prince par son obeïssance. *b*

I'avoüe que l'homme de bien aura beaucoup plus de peine qu'vn meschant homme, mais aussi aura-il plus d'honneur & de contentement en son ame, & s'il se gouuerne sagement en se buttant contre le Prince en chose qu'il voit ne pouvoir changer, ie peus dire qu'en fin quelque meschant que soit le Prince il le cherira & favorisera plus que les meschans, entre lesquels rarement se trouve autant de fidelité qu'il en faut pour

† Ne s'opiniastrer inutilement contre la volonté du Prince, & ne se laisser aller à une uile servitude.

a *Hunc ego Lepidum temporibus illis grauem & sapientem fuisse comperio. Nam pleraque ab sævis adulationibus aliorum deflexit. Neque tamen temperamenti egebat cũ æquabili authoritate & gratia apud Tiberium viguerit.* Tacit.

b *Namque illa ætas duo pacis decora simul tulit. Labeo incorruptâ libertate & ob id famâ celebratior, Capitonis obsequiũ dominantibus magis probabatur.* Tacit. lib. 3. Annal.

L'homme de bien plus propre pour servir le Prince que le meschant.

Pessimus quisque asperrime rectorem patitur. Saluft.

Facile est imperium in bonos. Plaut. Dio. Caff. lib. 52.

Vsage des meschans prez d'un Prince. Aristot. lib. 5. polit. c. 12.

a *Plerique rerum potientes perversent consulunt, & eo se munitiores putāt quò illi quibus imperitant nequiores fuerint.* Saluft. ad Iul. Cæs.

b Plutarch.

† Paroistre plus homme de bien en cōparaison d'un plus méchant.

c *Habuerunt nonnulli alij Principes devotam & amantem sui cohortem sed alio quodam modo Primum quod imperiti ac rudes indoctissimum quē que in consilium deligebant, scilicet ut ipsorum*

seruir un Maistre, & que l'on en peut esperer d'un homme de bien.

Aussi est-ce le conseil de Saluste à Iules Cæsar, & de Mecœnas à Auguste de se servir principalement de gens de bien, qui sont plus retenus par l'honneur & par la conscience d'entreprendre chose qui soit contre le debvoir, que les méchans lesquels n'ont autre bride que la crainte du chastiment & leur impuissance.

La Court toutesfois estant meslée plus de mal que de bien, le nombre de ces derniers est tousiours plus grand que des autres, & servent aux mauvais Princes à deux choses: l'une pour les flatter, & executer leurs méchancetez, àquoy ils se rendent d'autant plus obeïssans qu'il y a plus de prise sur eux: l'autre pour les faire paroistre plus gens de bien entre plus méchās qu'eux, & y a d'autres Princes qui pour la conformité de mœurs croyent estre plus asseurez parmy telle sorte de gens *a*.

Denys Tyran de Syracuse *b* estant requis de chasser un meschant homme qui estoit prez de luy, & estoit hay de tous, respondit, qu'il le retenoit afin de n'estre le plus haï de toute sa Court.

† C'est la coustume de ceux qui recognoissent en eux quelques deffaux, de se faire valoir par la comparaison d'autres qui valent encores moins *c*: d'où vient ceste autre ruze de Court, de substituer en sa place un moindre que soy, pour relever ses deportemens par ceux de son successeur, & dit-on qu'Auguste eut ce dessein en eslisant Tibere pour son successeur †, & Tibere pareillement en laissant l'Empire à Caligula.

† Mais il faut sur tout qu'en parlant l'homme de bien se gouuerne accortement. Car les mauvais Princes peu souvent trouvent bon qu'vn de ceste qualité leur parle librement, & Platon le trouva mal d'en avoir ainsi uoulu user envers le mesme Denys Prince de Syracuse, ayant esté par luy remis entre les mains d'un maistre de navire pour le vendre en Candie, à cause de sa liberté de parler : d'où aprez il fut rachepté par quelques Philosophes qui luy donnerent pour leçon une autre fois ou de ne point hanter les Princes, ou d'apprendre à parler leur gré.

Vn semblable conseil fut donné par Aristote à Callisthenes son parent, lequel suiuoit la Court d'Alexandre, de parler rarement & au gré de celuy qui avoit pouvoir sur sa vie. *a*

* Il n'y a remede, il faut quelquesfois se laisser aller à la flatterie pour gaigner advantage sur ces esprits là, mais non pas à toute sorte de flatterie. Car ceste basse & humble façon de flatter, a despleu mesmes à Tibere : *b* qui sortant du Senat souvent s'est plaint de voir les Senateurs si lasches & si disposez à la servitude. *c*

Et quelquesfois le trop flatter nuist autant que si l'on n'en vsoit point du tout. Car celuy que l'on flatte ainsi, entre le plus souvent en opinion, que l'on le veut tromper. § Il faut (ce disent Æs-

prudentia, vulg° suo aliquatenus emineret. Ita cum vilissimus quisq; honorum & divitiarum potitus foret, sua cõmoda & vitia Principum diligebant. Ab his optimus quisque abigebatur procul, cum suspecta esset probitas & invisa, & quanto quisque honestior tanto importunior turpium arbiter vitaretur. Mavertin. ad Iulian.

* Ne faut parler trop librement aux Princes.

† *Ne Tiberium quidem charitate aut Reipubl cura successorem adscitum, sed quoniam arrogantiam sevitiamq; eius introspexerit, comparatione deterrimini sibi glotiam quæsivisse.* Ann. 1. Tacit.

a *Aristotelis sapiens dictum, qui Callisthenem sectatorem & propinquum suum ad Regem Alexandrum mittens, ei sæpe mandabat, vt quam rarissime & iucunde apud hominem loqueretur, vitæ potestatem & necis in aciè linguæ portantem.* Marcell. lib. 18.

* Flatterie plus agreable aux Princes, en laquelle il y a quelque chose de libre.

b *Scilicet illum qui libertatem publicam nollet, tam proiecta servientium patientia tædebat*, Tacit.

c *Arduus rerum modus, ne con-*

chines & Plutarque) qu'il y ait quelque pointe & quelque chose de libre en apparence meslée parmy la flatterie: non seulement pour persuader au Prince que nous croyons ce que nous disons: mais aussi pour le faire croire aux autres, & maintenir d'avantage nostre reputation. a

tumax silentium, ne suspecta libertas, ne diffidere dubiis, parum gaudere prosperis videantur. Tacit.

§ *Adulatio perinde anceps si nimia ac si nulla est* Tacit.

Crœsus ayant esté Roy, monstra qu'il cognoissoit en cela les appetits des Roys, & ce qui leur pouvoit plus agréer ou desplaire. Car vn iour que Cambyses Roy de Perse demandoit à ceux qui estoient autour de luy, quels ils l'estimoient en comparaison de son Pere Cyrus, tous luy dirent qu'il estoit beaucoup plus grand Roy, ayant adiousté l'Ægypte & le cõmandement de la Mer à ce que son Pere luy avoit laissé. Mais quand se vint à Crœsus a dire son advis, il dit qu'il le trouvoit beaucoup inferieur à son Pere Cyrus, pour ce qu'il n'avoit encores point fait de fils qui luy ressemblast: & ceste response (dit Herodote) satisfist d'avantage la vanité de ce Prince que la premiere, pource qu'elle sembloit plus libre.

Οὐ μὴν τοι καὶ πιθανὸς ἦν, ἀλλ᾽ ὡς ἀκράτῳ τῇ θωπείᾳ χρώμενος ὑπεκολακεύετο. πᾶν γὰρ τὸ ἔξωθεν τοῦ εἰκότος, κἂν χαρίζεσθαί τισι δοκεῖ, ὀχληρὸν τοῖς νοῦν ἔχουσι νομίζεται. Xiphil. de Didio Iuliano.

Valerius Messalla commença le premier d'vser de ceste façon de flatter envers Tibere quand il fut d'avis de luy renouveller le serment de fidelité tous les ans: & que Tibere s'enquist sur le champ si c'estoit de son commandement qu'il disoit cela: Lors il respondit asseurément, que non, & qu'és affaires qui concerneroient l'Estat, il ne se serviroit de l'avis d'autruy, mais diroit franchement tousiours ce qui luy en sembleroit, mesmes quand l'on s'en devroit offencer. Et de toutes les flatteries, à ce que dit Tacite, il ne restoit

a Οὗτοι καὶ μάλιστα πρὸς ἡδονὴν λέγουσι, τὸ ἀπὸ προσχήματος παρρησίας ὐδὲν τὸ κολακεύειν ἐλόμενοι· καὶ γὰρ αὐτῆς τίς ἐστι τοῦ χαρίζεσθαι πολίταις, καὶ ἡγεμόσι πολὺ κακουργοτέρα προαίρεσις. Æschin. Epist. 11.

ſtoit plus que celle-cy a practiquer. a

Depuis Ateius Capito en vſa d'vne ſemblable, lors que Tibere deffendit de faire le proces à Annius Cheualier Romain, accuſé d'vſer indifferemment de l'image du Prince en ſa vaiſſelle d'argent. Car lors Ateius b s'oppoſa ouvertemẽt à ceſte deffence, comme contraire à la liberté & authorité du Senat, duquel il diſoit que Tibere ne devoit retrancher le pouvoir, ains le laiſſer deliberer ſur cela, pour punir vne telle meſchanceté: Qu'il luy eſtoit bien permis de pardonner ſes injures, mais non celles qui eſtoient faictes à l'Eſtat.

a *In iis quæ ad Rempub. pertinerent conſilio niſi ſuo vſurum vel cum periculo offenſionis, ea ſola ſpecies adulandi ſuperat.* Tacitus.

b *Palam aſpernante Ateio Capitone quaſi per libertatem, non debere eripi patribus vim ſtatuendi.* Tacit.

Il ſe pourroit recueillir d'autres exemples, mais ceux-cy ſuffiront, advertiſſant ceux qui ſeront contraints de ſe ſervir de telles flatteries, de ne les employer au dommage, n'y du public, n'y du particulier, mais ſe contenter de les practiquer pour ſatisfaire à la vanité du Prince.

3. Ne faut ſe meſler de donner conſeil à vn Prince altier.

Non plus faut-il ſe meſler de donner conſeil à vn Prince altier, encores qu'il le demande, ſi l'on s'en peut excuſer. Car tels Princes demandent ordinairement conſeil en la meſme façon que Xerxes, voulant paſſer en Grece pour y faire la guerre, le demanda aux Princes de l'Aſie qu'il avoit aſſemblez ſoubs pretexte d'en deliberer. Pour n'eſtre veu, ſe leur dit-il, faire ceſte entrepriſe de ma teſte ſeule, ie vous ay convoquez icy, ſouvenez-vous toutesfois que vous devez pluſtoſt obeïr, que la mettre en deliberation. Cambyſes, qui regna auparauant luy ſur les Perſes, ayant reſolu de ſe marier à ſa ſœur, demanda à ſon conſeil s'il y auoit quelque loy en Perſe qui deffendiſt à vn d'eſpouſer ſa ſœur. Le conſeil re-

Les Princes demandent conſeil pour faire approuver leur advis.

Ou pour ſonder les volontez & opinions de leurs Conſeillers.

cognoissant que ce Prince ne leur faisoit ceste demande pour estre resolu de ce qu'il devoit faire, mais pour descouurir s'ils approuuoient ce mariage, luy feit responce qu'il n'y avoit point de loy qui le permist, mais bien y en avoit-il vne qui permettoit au Roy de faire ce qu'il trouvoit bon.

Ainsi faut-il iuger & de l'humeur du Prince, & de la qualité de l'affaire, si l'on doit mettre en deliberation la chose de laquelle il fait semblant de demander conseil.

Plusieurs propositions se font par les Princes pour les faire approuver, & non pour en deliberer.

Du temps de nos Peres vn bien inferieur à ceste qualité de Roy, mais qui avoit pouvoir de Vice-Roy en Hespagne, feit cognoistre aux plus grands du pays, que tout ce que l'on proposoit és conseils & és assemblées, ne deuoit estre mis en deliberation. Apres la mort du Roy Ferdinand, Charles d'Austriche estant en Flandres, fut conseillé par le Pape, & l'Empereur Maximilian, de prendre le tiltre de Roy d'Hespagne; encores que Ieanne sa mere fille de Ferdinand fust en vie, pour ce qu'elle estoit peu capable de commander, a cause de son indisposition. Pour faire approuver ceste qualité l'on assembla les principaux du Royaume, devant lesquels le Cardinal Ximenes feit deduire les raisons par lesquelles ceste nouveauté se pouvoit soustenir: mais ces Seigneurs plus jaloux des formes ordinaires, & de l'honneur de celle qui estoit leur Royne, que bons Courtisans à l'endroit de celuy auquel apres elle le Royaume devoit parvenir, y contredirent ouvertement. Ce qui feit lever le Cardinal Ximenes du lieu où il estoit assis, & leur dire en colere, qu'il s'agissoit d'vne chose

chose laquelle il ne falloit revoquer en doubte, & n'avoit besoin de leur advis, n'estant necessaire le consentement des subjectz pour authoriser un Roy en son estat, mais qu'il les avoit convoquez pour leur bien & leur aduantage, duquel il avoit esté tousiours soigneux, afin qu'en approuvant ceste qualité, ilz gaignassent par cest office les bonnes graces de leur Prince. Mais puis qu'ilz s'attribuoient par droit ce que par courtoisie l'on avoit requis d'eux, il estoit resolu promptement de le faire proclamer Roy à Madril, afin que les autres villes suivissent cest exemple.

Ce n'est pas seulement en semblables occasions que les Princes en usent ainsi, mais presque en toutes: & peu souvent demandent-ils conseil que pour faire approuver leur resolution, ou pour sonder la volonté de ceux ausquelz ilz font semblant de se vouloir conseiller, & ainsi en usoit ordinairement Tibere envers le Senat de Rome *a*.

† Le Courtisan donc taschera de recognoistre l'intention du Prince fuyant de s'engager a un conseil qui puisse estre mal reçeu. † C'est pourquoy doubtant de la volonté de son Maistre il fera semblant d'examiner l'affaire qui luy sera proposee, luy representant les raisons de part & d'autre, desquelles (s'il peut) il luy laissera faire le choix sans rien conclure. Car si le Prince n'est du tout resolu, voyant les raisons contraires a son dessein estre plus fortes il changera aysement d'opinion.

Et ceste mauvaise honte (qui retient souvent les grands *b*. de changer leurs resolutions crai-

a *Postea cognitum est ad introspiciendas etiã Principum voluntates: inductum dubitationẽ.* Tacit. lib. 1. Annal.

*Auant que donner cõseil, faut recognoistre l'intention du Prince.

† Comme il se faut comporter envers un Prince fascheux qui demande conseil.

Οἱ γὰρ τοιοῦτοι τὰς μεγάλας τὰς κρείττους λόγους πικρῶς φέρουσι τ' ἐλασσόνων ὕπο. Eurip. in Androm.

gnans de se monstrer par là inferieurs a ceux qui les conseillent (ne le retiendra, pource que l'on n'aura en cela rien dict par resolution. Et le Courtisan par mesme moyen se garantira d'un reproche qui luy seroit faict, si son advis ayans esté suivy, il avenoit quelque chose contre la volonté de son Maistre.

Que si le Prince suyvant ce qu'il a premierement resolu ne rencontre selō son desir, le Courtisan aura cest auantage d'avoir preveu & remonstré a son Prince le mal qu'il pouvoit eviter, pensant bien les raisons qu'il luy avoit mises en avant.

Ez choses illicites faut differer de donner conseil.

Mais ou l'on seroit pressé du Prince de luy donner quelque resolution en choses illicites il faut ou trouver moyen de la differer, ou bien le prier d'appeller un tiers pour mettre cest affaire en deliberation, afin qu'estant meurement pesé il s'y prenne une resolution convenable a sa dignité & seureté.

Du premier moyen se servit Burrhus la premiere fois que Neron se resolut de faire mourir sa Mere, s'offrant luy-mesme pour l'execution de ce parricide s'il se trouvoit qu'elle eust attenté ce dont on l'accusoit a: remonstrant qu'avant que s'en estre bien éclaircy, il ne deuoit condamner sa Mere, & se rendre plus prompt à la faire punir qu'il ne feroit un particulier, auquel il permettoit tousiours de se deffendre contre telles accusations. Le temps que l'on employa à s'informer & éclaircir de ce faict, ralentit la colere de Neron & r'asseura ses deffiances, & ainsi par ce delay Burrhus pour ce coup detourna l'effect de ceste impie resolution.

a *Nero trepidus & interficiendæ matris avidus non prius differri potuit, quam Burrhus necem eius promitteret, si scelus cognosceretur.* Tacit.

Mais cecy ne se doibt pas pratiquer en toutes sortes d'affaires, ains rarement & en celles seulement qui sont les plus douteuses. Et davantage il faut considerer envers quels Princes l'on se veult servir de ces delais.

Car aucuns sont tellement prompts & ennemis des longueurs & difficultez, que ceux qui se servent de ces moyens trop souvent en sont ordinairement disgraciez.

Faut abonder en expediens.

C'est pourquoy avec telz Princes il faut estre riche & abondant en expediens, & ne demeurer point court, si faire se peur.

Les Princes demaudent plustost cõseil des moyens que de la fin.

Or comme le plus souvent ilz ne demandent pas advis de ce qu'il faut faire, mais par quelz moyens ils peuvent venir à bout de leur intention: ès choses que nous iugeons estre contre la raison & le debvoir, nous debvons recercher & proposer les moyens les plus longs, ou comme les plus facile, ou comme les plus iustes, ou comme les plus seurs: les plus courtz estants ordinairement accompaignez de beaucoup de difficultez, & d'inconveniens, par lesquelz l'on les peut combattre.

Il est certain que le Prince, lequel n'a autre but que de venir à bout de son dessein, choisira tousiours les plus faciles, plus specieux, & plus asseurez, encores qu'ils soient plus long, s'il n'est emporté d'une grande impatience. Et quand bien cela seroit, encores n'aura-il subject de blasmer celuy qui luy proposera les moyés plus longs, qui peuvent estre excusez, ou sur la circonspection de celuy qui les met en avant, ou sur le desir qu'il a de satisfaire à la volonté de son maistre avec plus de seureté & facilité.

Que si d'auenture il se rencontre quelque difficulté aux moyens plus courtz que le Prince aura choisi, la prudence de celuy qui en aura proposé d'autres paroistra plus grande : & s'il choisit le plus long chemin pour parvenir a ses desseins, plusieurs choses pourront avenir, ou qui refroidiront le Prince de les pousuyvre, ou qui luy en feront iuger l'impossibilité, ou l'inconvenient.

Ou toutesfois l'on verroit le Prince resolu à suyvre en telles choses des moyens qui en leur commancement porteroient leur difficulté ou impossibilité, comme il ne faut les luy conseiller, aussi avec un silence plein de respect il ne faut laisser faire, de peur que le voulant dissuader il n'en cerche d'autres plus faciles pour effectuer sa mauvaise volonté laquelle il pourra perdre y recognoissant de l'empeschement dez le commencement.

Faut reietter l'execution d'une meschanceté plustost sur quelque méchant homme que de s'en charger.

Mais il advient quelquesfois que l'impatience du Prince le porte à commander l'execution de ses mauvaises volontez à un homme de bien; en quoy il n'y a personne pour habile quelle soit, laquelle ne se trouve bien empeschee : mesmement si par l'estat & condition de l'affaire l'on ne trouve moyen de s'en excuser, ou reietter ceste charge pour en estrener un autre : comme Burrhus feit lors que Neron estoit en peine comment il feroit mourir sa mere, apres qu'il eut entendu qu'elle estoit eschappée du simulé naufrage, soubs pretexte duquel il pensoit s'en deffaire, iugeant bien que ceste femme vindicative & cruelle ne luy pardonneroit iamais cest attentat.

Burrhus & Seneque (à ce que dit Tacite) furent long-temps à s'entregarder sans dire mot *a*. En fin Seneque voyant l'inquietude de ce Prince demanda tout hault à Burrhus s'il n'estimoit pas que les soldatz de la garde peussent faire cest office, Burrhus ne voulant soüiller ny ses mains, ny celles de ses soldatz, respondit qu'il n'estimoit pas qu'ils le voulussent faire aymans trop la maison & le sang des Cæsars, duquel estoit descenduë Agrippine, & qu'Anicetus qui avoit entrepris cest affaire la devoit parachever, & ainsi s'excusa de commettre ce parricide.

a Longum vtriusque silentium ne irriti dissuaderent.

I'avouë que ce n'est pas œuvre de charité de rejetter sur autruy telles commissions, mais si vaut-il mieux en telles occurrences qu'vn homme de bien les laisse à gens de la condition d'Anicetus que de s'en soüiller.

Destourner les mauvaises volontez du Prince.

Le plus seur est si l'on peut preveoir ces mauvaises volontez avant qu'elles soient nées, ou qu'elles ayent pris racine en l'esprit du Prince, de les destourner.

Y employer les douces & respectueuses remonstrances.

Plusieurs à cela ont employé les douces remõstrances & des parolles (comme Parysatis disoit) de soye, mais fault que ceux qui l'entreprennent ayent grand credit, & qu'ilz trouvent un Prince plus capable de raison que de suyvre ses inclinations. Chose rare, & si quelques-uns se sont trouvez en ceste veine, ça esté pour une action ou deux, & non pas tousiours.

Faire quelque conte qui y puisse servir.

I'approuve un moyen que quelques-uns ont tenu, lesquelz ayans & vivacité d'esprit, & grace pour bien faire un conte, & s'estans donnez ceste privauté envers le Prince, sans diminuer en rien le respect qu'ils luy doibvent, ont sceu si à propos mettre en avant quelque conte, approchant de ce a quoy le Prince se pouvoit porter, qu'ilz luy en ont faict cognoistre le danger, le mal, & la consequence soubz d'autres noms, & d'autres pretextes.

Mais en ceste façon de proceder oultre la vivacité d'esprit & grace necessaire en celuy qui s'en sert, il faut prendre garde que le Prince n'entre en opinion que le conte soit faict pour luy, & a dessein *a*, comme Tibere *b* s'imagina que la Tragœdie composée par Scaurus intitulée Atreus avoit esté faicte pour luy reprocher ses fratricides. *c* Et Domitian celle de Paris & Oenone composee par Helvidius pour blâmer son diuorce, mais faudra couler le conte parmy plusieurs autres choses esloignees de l'inclination du Prince, & le faire tomber a propos, l'inculcant non serieusement, mais plustost par une forme de repetition nonchalante. Car oultre que la grace peut reveiller le Prince a entrer en consideration de ce qui se dict estant dit en apparance sans dessein, il le prend mieux, & en faict mieux son proffit.

a *Reperies qui ob similitudinem morum aliena malefacta sibi obiectari putent.* Tacit. 4. Annal.
b *Dio. lib. 58.*
c *Sueton. in Domit.*

L'on peut s'aviser d'autres moyens pour ne point choquer inutilement les mauvaises volontez des Princes, & ne les point ayder malicieusement: lesquels peuvent estre pris des subiectz qui se presentent, ou de la rencontre d'autres affaires ou du temps, ou des personnes qui sont autour du Prince.

Mais si nous sommes contraintz de combattre quelqu'une de ses passions, il faut y opposer celle, à laquelle il se trouve autant porté, qu'à celle que nous voulons combattre: & faire apparoistre que tout ce que nous disons, procede & faict part du respect & de l'obeïssance que nous luy devons; comme faisoit Mucianus a l'endroit de Domitian pour le contenir en devoir, & empescher qu'il ne se joignist avec Cerialis a.

Or pour cela il sert grandement de considerer l'humeur du Prince, laquelle ne differe pas beaucoup de celle du commun des hommes; sinon que comme les Princes sont plus puissans en toute autre chose, ilz sont aussi plus impuissants a moderer leurs passions, leurs humeurs estans plus violentes & moins retenuës par la raison.

a *Intelligebantur artes Muciani, quid novi tentaret Domitianus, sed pars obsequij in Muciano ne deprehenderetur.*

4. Consideration sur l'humeur du Prince.

Meurs & façons de faire du Prince Colere.

Ainsi donc le colere sera prompt en toutes ses actions, superbe & orgueilleux, desirant que tout fléchisse soubz ses commandemens, ennemy de la moindre desobeïssance, impatient en l'execution de ses entreprises, precipité en ses conseils, & peu soucieux de prendre advis d'autruy, si ce n'est pour trouver quelqu'un qui se joigne au sien, & prenne en main l'execution de ses volontez, iniurieux, offensant legerement, mais prompt a revenir a soy, pourueu que l'on ne face contenance de se souvenir de l'offence qu'il a faict: autrement il se rend vindicatif & hayt perpetuellement celuy qu'il a offensé.

Moyen de se gouverner avec une telle humeur.

Pres d'une telle humeur il faut que le Courtisant ay tousiours l'œil & l'oreille ouverte, & un pied, comme l'on dict, en l'air, pour veoir, entendre, dire & faire ce que le Prince desidera sans replique, remise, ny difficulté, de peur de faire croire a son Maistre qu'il s'estime plus sage que luy: se rendant humble & obeïssant a toutes sortes de commandemens, bien qu'au dessoubz de sa dignité, patient a supporter les iniures, &

prompt a les oublier, redoublant ses services, & son obeïssance, apres en avoir esté offensé, ne ramantevant iamais ses services de peur d'estre veu les reprocher, mais en les continuant réveillera la gratitude, & recognoissance en l'esprit du Prince, aux grandes & extremes coleres duquel il doibt fuyr de se rencontrer. Car lors toutes choses desplaisent, & ceux mesmes que l'on ayme le plus ne peuvent faire ne dire chose qui soit agreable a celuy qui est en colere *a*. Les Princes de ceste humeur interpretent toutes familiarité a mespris, de façon qu'encores que eux mesmes nous y attirent nous ne devons nous y engager: ains traicter avec eux en grand respect & humilité. Ce sont lyons apprivoisez pour un temps, lesquelz en fin devorent celuy qui pense les bien cognoistre & les gouverner.

a *Fulmen est vbi cum potestate habitat iracundia*. Publ.

Grauis ira Regum est semper. Sen. in Medea.

Meurs & façons de faire du Prince sanguin.

Le sanguin est ordinairemẽt de naturel joyeux, aymant les plaisirs, les passe-temps, & les gausseries, ennemy de tristesse & de melancolie, fuyant les affaires fascheuses & espineuses, & les querelles, desireux de paix, laissant volontiers la disposition des affaires a ceux qui sont soubz luy, & s'en rapportant a eux, aymant ceux qui l'en deschargent sans donner subiect de plaintes, qu'il entend mal volontiers. Est courtoys & gratieux, difficilement se met a faire iniure a quelqu'un, ou s'il la faict, ce sera plustost de parole qu'autremẽt, & oublie aussi volontiers celles que l'on luy faict, que celles qu'il faict, se plait a faire plaisir & est ordinairement liberal.

Moyens de se gouverner avec telle sorte d'humeurs.

Auec telle sorte de Princes il ne se fault mettre sur le serieux que le moins que faire se pourra, gardant neantmoins le respect que l'on leur doibt:

doibt : & ceux qui auront les plus graues & importantes affaires de leur estat à manier, ne se doiuent presenter à eux qu'ils ne soient appellez, ou qu'ils ne soient au moins asseurez de ne les trouuer iouans ou prenans leur passetemps. Car outre qu'ils interrompent le Prince en ce qui luy plait le plus, il a honte que tels gens le surprennent en ses resiouissances, estimant qu'en leur cœur ils ne les approuuent pas.

Vn iour que Philippe Roy de Macedoine iouoit aux dez, l'on luy vint dire que Antipater estoit à la porte de sa chambre qui vouloit parler à luy : incontinent tout troublé & fasché il ietta le tablier sur vn lict, ayant honte qu'Antipater le trouuast iouant.

Comme donc ceux-cy ont vn grand aduantage au maniment des affaires le Prince s'en rapportant du tout à eux : aussi ont-ils vn grand desaduantage pour approcher & se familiariser auec luy, qui fuit ces humeurs serieuses comme du tout contraires à son naturel.

a Κυβεύοντος ποτὲ αὐτοῦ, καὶ τινὸς ἀγγείλαντος ὡς Ἀντίπατρος πάρεστι διαπορήσαι ὥσπερ ἐπὶ τὴν κλίνην τὸ ἄβακα. Athen. lib. 10. δειπν.

Mais ceux qui se rencontrent d'humeur ioniale, & capables de faire affaires tout ensemble, reüssissent ordinairement prez de tels Princes : pourueu qu'estans hors d'auprez du Prince, ils gardent la grauité bienseante à leur dignité. Car cela n'estant pas, ils se font mespriser, du mespris naist la hardiesse de se plaindre soubz d'autres pretextes empruntez : & ces plaintes venuës à l'oreille du Prince, font qu'il se resoult pour les appaiser de reculer celuy qui en a donné subiect.

Meurs du Prince melancolique.

Le Prince melancolique est lent & tardif en

ses resolutions, songeard, deffiant, soupçonneux, ingenieux, & le plus souuent malicieux, de peu de paroles, lesquelles il met en auant le plus souuent à dessein pour sonder ceux pui l'approchent, les rendans ambigues & a double entente, mesmes és affaires plus espineuses, (comme nous auons dict que faisoit Tibere) secret & dissimulé, opiniastre, ennemy de gausserie & de priuauté, retiré & aymant la solitude, peu accostable & communicatif, n'affectionnant que peu de gens & encores froidement, hayssant aysement auec peu de subiect à cause de la deffiance qui l'accompaigne tousiours, auaricieux, & qui craint que terre ne luy faille, autant ennemy de ceux qu'il a offensez, comme de ceux qui l'ont offensé, vindicatif & irreconciable, & en la reconciliation duquel il ne se fault pas beaucoup fier.

Moyen de se gouuerner auec cet humeur.

Auec ceste humeur il faut marcher la bride en la main, estre fort retenu, peser tout ce que l'on dict, ne dire rien qui ne serue, & que l'on ne iuge deuoir estre bien receu, & le plus seur est de ne se faire gueres de feste, ne point parler si l'on n'est enquis, en tous ses deportemens apporter vn grand respect, & circonspection, euiter contradiction, ne presser trop ceste humeur en ses resolutions, de peur que la melancolie s'enflammant passe en colere, & la colere en hayne: se garder de l'importuner en demandes desquelles l'on puisse estre refusé. Car outre qu'il est tousiours dangereux d'accoustumer le Prince a nous refuser, le melancolique estant speculatif, tient le refus pour offense qu'il vous a faicte, & croyant que vous vous en tenez offensé, & estes deuenu son ennemy, il faut faire apres des miracles pour luy oster ceste opinion. Car comme il n'oublie point les iniures, il croit aussi que vo⁹ n'auez oublié le refus qu'il vous a faict.

Bref ceste humeur est la plus chagrine, fascheuse & inegale de toutes, pour la diuersité & estrangeté des obiects qu'elle produit en l'imagination, & pource y a il plus de peine a se bien gouuerner auec telles personnes.

Le flegmatique à la pesanteur & tardiueté du melancoliqe, mais il n'a ny l'esprit, ny la malice, ny la deffiance du mal. La froideur qui luy glace le cœur, luy donne vne deffiance plustost de soy-mesme que d'autruy, vne crainte d'entreprendre & de ne venir pas a bout, & le plus souuent pour en ignorer les moyens, vne irresolution en ses conseils, vne timidité en l'execution, & vne stupidité en ses cõceptions, hayssant sans beaucoup d'aigreur, & aimant sans beaucoup d'ardeur & de vehemence.

Meurs du Prince flegmatique.

Aupres de telles gens les esprits actifs, courageux, & inuentifs sont propres pour rechauffer ceste humeur froide. Car le Prince recognoissant le deffault qui est en luy par les difficultez qui se presentent en son esprit, lesquelles il peut resoudre de soy-mesme, s'il trouue quelqu'vn qui luy donne des moyens de venir a bout de ce qu'il a pensé impossible, il l'aime & l'admire, & entre en opinion que ceste personne luy est necessaire: de façon que souuent ceste faueur, comme estant fondée sur le besoin, dure plus long temps qu'aucune autre. Ce que le Courtisan recognoissant, il se doibt euertuer de faire reüssir les affaires que son Maistre iuge les plus

Moyen de se gouuerner auec ceste humeur.

impossibles, & empescher s'il peut qu'vn plus subtil que luy ne s'en entremette, & ne laisser pour cest effect la Court de loing. Car quand vn autre est recognu plus propre que nous en vne charge, l'on nous tiēt moins necessaires: & quād l'on a accoustumé de se passer d'vn homme pour vn temps, quelquesfois l'on s'en passe pour tousiours.

Cecy n'a pas besoin de grande leçon, estant vne des ruzes plus communes en la Court, practiquée par ceux qui sont dans les affaires, de n'y appeller que ceux qui leur sont inferieurs de beaucoup & de qualité, & de suffisance: a fin de se donner lustre, & euiter le danger d'estre desarçonnez, si le Prince en trouuoit quelqu'vn plus a son goust. Ioinct aussi que telles gēs sont plus capables de faire vn mauuais coup, ou couurir quelque corruption a l'appetit de ceux qui les auancent, que ne seroit vn homme d'autre condition.

De ces quatre humeurs sont composez les Princes (comme nous auons dict) aussi bien que les autres hommes, & sont enclins en l'vne ou l'autre de ses façons de faire selon le degré de l'humeur qui domine le plus en eux.

Ne fault tousiours s'arrester a l'humeur du Prince, laquelle change selon l'aage, &c.

Il n'en faut pas toutesfois faire vn iugement perpetuel. Car comme l'humeur change selon l'aage, les affaires, la conuersation, ainsi les façōs de proceder changeront, & pareillement les inclinations des Princes.

En temps de guerre nous verrons vn Prince affectionner & caresser les Capitaines, & gens de guerre, desquels en temps de paix le besoin estant passé, il ne tiendra pas beaucoup de conte.

Et changeant ſon inclination pour la porter aux plaiſirs ou quelque autre paſſion, il portera ſon affection a fauoriſer les miniſtres qui le ſeconderont en cela.

Autre fut Tibere ſoubs Auguſte, autre durant la vie de Germanicus & Druſus, autre pendant la vie de Liuia ſa Mere, autre du temps qu'il aymoit ou craignoit Seian, & autre apres qu'il s'en fut desfaict. *a* Selon le dire de Paſſienus l'on ne veit iamais vn meilleur ſeruiteur que Caligula du temps de Tibere, ny vn pire maiſtre lors qu'il fut venu à l'eſtat *b*.

Plutarque parlant des changemens de mœurs de Marius & de Sylla *c* fait doubte ſi c'eſtoit la fortune qui changeaſt ainſi leur naturel, ou qui découuriſt ſeulement celuy qui eſtoit auparauãt caché pour certains reſpects.

Ce n'eſt pas, pour vray dire, en la pluſpart de telles gens que le naturel change, mais celuy qui eſtoit retenu par la crainte ſe deſcouure tel qu'il eſt quand il ne craint plus rien, comme Leontius diſoit de Zenon *d*. C'eſt le ſerpent du Payſan qui tranſi de froid ne peut nuire, mais reſchauffé cõmence à vomir ſon venin.

Tryphon à ce que dict Ioſephe, porta long temps le maſque d'homme de bien, tant qu'il veſcut comme particulier, afin de ſe concilier la volonté du peuple: mais ayant eſté faict Roy, il leua entierement le maſque, & monſtra à deſcouuert ce qu'il auoit touſiours eſté.

a *Morum quoque tempora illi diuerſa. Egregius famâ vitâque, quoad priuatus vel in imperiis sub Augusto fuit, occultus ac ſubdolus fingẽdis virtutibus, donec Germanicus & Druſus ſuperfuere. Idem inter bona malaque mixtus incolumi matre: intestabilis ſæuitia, ſed obtectis libidinibus, dum Seianum dilexit, timuitve: poſtremo in ſcelera, ſimul ac dedecora prorupit, poſtquam remoto pudore & metu ſuo tantum ingenio vtebatur.* Tacit. Annal.

b *Vnde mox ſcitum Paſſieni Oratoris dictum percrebuit, neque meliorem vnquam ſeruum neque deteriorem dominum fuiſſe.* Tacit.

c *Plutarque en la vie de Sylla.*

d οὐ μεταβέβληται. τὴν, ἔφη, τὴν φύσιν, ἀλλὰ ὃν δέδειχται ἐν εὐδαιμονίᾳ λανθάνουσαν πολλὼν χρόνον διὰ τοῦ Ιλλυ τ φόβον ἡσυχάσασαν. Suidas.

Euripide fait faire vn reproche à Agamemnon peu dissemblable, qui d'humble qu'il estoit & accostable auant que d'estre esleu chef general des Grecs, se rendit apres ennemy de ses amis, de difficile accez, & se renferma dans sa maison. Et adiouste ce Poëte, qu'vn homme de bien maniãt vne grande charge ne doit point changer de façons de faire *a*. Enseignemẽt peu ou, pour mieux dire, point du tout practiqué, si ce n'a esté par *b*. Pollion comme l'escrit Seneque.

Mais les plus grands & plus ordinaires defaux des Princes viennent de la presomption qui le plus souuent accompagne la puissance, laquelle les rend difficiles à receuoir conseil *c*: leur faisant croire que comme ils sont superieurs en pouuoir à leurs subiects, ils le sont aussi en suffisance. Et aucuns croyent iusques-là, qu'ils ne se peuuent assubiectir aux loix & à la raison, sans diminutiõ de leur authorité *d*. Que s'ils ne peuuent tout ce qu'ils veulent, ils ne sont plus souuerains; que ce seroit se raualer, & n'estre pas plus que le cõmun de se reigler à faire seulement ce qui est permis au commun *e*: pour lequel ils pensent que les reigles de pieté, honneur & iustice ont esté dressées, & non pour eux *f*.

Si ces opinions tyranniques n'entroient qu'en des esprits communs, ce seroit moins de merueille: mais il semble que la puissance ensorcelle les meilleurs cerueaux aucunesfois *g*.

a Ἄνδρα δ᾽ οὐ χρεὼν τὸν ἀγαθὸν πράσσοντα μεγάλα τοὺς τρόπους μεθιστάναι. Euripid.

b *Postea promotus ad amplissimas promotiones nulla occasione corruptus ab insito abstinentiæ amore deflexit, nunquam secundis rebus intumuit, nunquam officiorum varietate continuam laudem infregit* Senec.

c *Nec me fugit quã durus ac vere insolens. Ad recta flecti Regius noli t tumor.* Seneca in Hipp.

d *Vbicumque tantum honesta dominanti licent Precacatio regnatur. Quod non potest, vult posse qui nimirum potest.*

e *Ignota tibi sunt iura regnorum haud noua, Nobis maligni iudices aquis sui, Id esse regni maximum pignus putant. Si quidquid aliis non licet solis licet* Senec.

f *Sanctitas, pietas, fides, Priuata bona sunt, qua iuuat Reges eant.*

g *Erat Dari mite & tractabile ingenium nisi suam naturam plerumque fortuna corrumperet.* Curtius lib. 3. cap. 10. *Vt nemo doceat fraudis & scelerum vias, Regnum docebit.* Senec.

Il n'y a point eu en toute l'ancienneté de gens qui ayent laissé de plus beaux enseignemens de moderation que ceux que l'on a appellé les sept Sages de Grece, & n'y a point eu de leur temps de plus grands & plus iniustes Tyrans que ceux d'entre eux qui ont commandé.

Appian *a* parlant du Philosophe Aristion, & des autres Philosophes qui ont tyrannise Athenes, adiouste les Pythagoriciens qui ont eu quelque commandement en Italie, lesquels il dict auoir aussi esté les plus iniques Tyrans de leur temps. Cela le fait doubter, si les Philosophes, qui mesprisent les honneurs & le maniment des affaires, le font à bon escient, ou s'ils cherchent quelque abry, pour couurir leur pauureté & leur oysiueté par telles façons de faire.

Si nous en croyons Aristophane *b* les Pythagoriciens se sont seruis de la frugalité & parsimonie plustost pour s'accommoder à leur pauureté & necessité, que pour aucun desir de vertu, estans bien aises, à ce qu'il dict, de faire bonne chere aux despens d'autruy.

Les suggestions, flatteries & applaudissemens des mauuais garnimens qui approchent le plus souuent les Princes aydent aussi beaucoup à les changer.

L'orgueil & cruauté de Vitellius sont imputez à telles sortes de gens par Tacite *c*.

Et Vespasian estimé d'assez bon naturel apprist à surcharger de tailles, & à opprimer ses su-

a Ἀλλὰ καὶ ἐν Ἰταλίᾳ τῶν Πυθαγορειασάντων, καὶ ἐν τῇ ἄλλῃ Ἑλλάδι τῶν ἑπτὰ σοφῶν λεγομένων, ὅσοι πραγμάτων ἐπελάβοντο, ἐδυναστεῦσαί τε καὶ ἐτυράννησαν ὠμότερον τῶν ἰδιωτικῶν τυράννων. ὥστε καὶ περὶ τῶν ἄλλων φιλοσόφων ἄπορον ποιῆσαι, καὶ ὕποπτον, εἴτε δι' ἀρετὴν, εἴτε πενίας καὶ ἀπραξίας τὴν σοφίαν ἔθεντο παραμύθιον. App. in Mithrid.

b Ἀλλ' ἐξ ἀνάγκης οὐκ ἔχοντες οὐδὲ ἕν, Τῆς εὐτελείας πρόφασιν εὑρόντες καλὴν Ὅρους ἔπηξαν τοῖς πένησι χρησίμους Ἐπεὶ παράθες αὐτοῖς ἰχθῦς ἢ κρέας Κἂν μὴ κατεσθίωσι καὶ τοὺς δακτύλους Ἐθέλω κρεμασθῆναι δεκάκις. Athen. 4. lib. δειπν.

c *Sed Vitellius aduentu fratris & irrepentibus dominationis magistris superbior & atrocior.* Tacit.

iects en l'escole de semblables maistres *a*. Bref la pluspart des Princes se changent ordinairement par la conuersation de tels ministres, qui pour gaigner credit leur mettent tousiours leur grandeur, leur puissance, & leur profit deuant les yeux, ce qu'ils embrassent dautant plus volontiers, que plus ils sont ignorans du deuoir de leur charge *b*. Mais aueuglez qu'ils sont ils ne voyent pas que ceux qui leur applaudissent & qui font semblant d'approuuer leurs deportemens, le font le plus souuent à dessein de les trahir, & les engager au mespris, & en la haine de leurs subiects.

C'est la plus seure façon de trahir son maistre que de seconder son auarice, sa cruauté, & sa lubricité, elle est sans hazard: le Prince ne pouuant condamner le traistre qu'il ne se condamne soymesme.

Celuy qui voulust remettre en son estat Clodion le cheuelu chassé par les François, assistez d'vn Ægidius qui commandoit lors ez Gaules pour les Romains, se feit amy de cest Ægidius homme cruel & auaricieux, & dit nostre Histoire qu'il alluma si bien l'auarice & la cruauté en ce Romain, ausquelles cest esprit estoit ia disposé, que les François les ayans bien viuement senties, se resolurent incontinent de rappeller leur Roy: n'ayant ce François trouué plus seur moyen pour trahir l'ennemy de son maistre que de le seconder en ses passions.

Seian pour se tracer le chemin à l'empire apres la prison d'Agrippine & de ses enfans qu'il auoit procuree, recognoissant Tibere son Maistre ennuyé de la ville, auoir quelque enuie de se ret-

a *Tributa grauia atque intolleranda, sed necessitate armorum excusata etiam in pace mansere: ipso Vespasiano inter initia imperii ad obtinendas iniquitates haud perinde obstinato, sed indulgentia fortunae & prauis magistris didicit ausus que est.* Tac.

b *Et quaeritur quidem quae res malos principes faciat. Iam primum nimia licentia, deinde rerum copia, Amici praeterea improbi, satellites detestandi, Eunuchi auarissimi, Aulici vel stulti, vel detestabiles & (quod negari non potest) rerum publicarum ignorantia.* Vopiscus in Aureliano.

retirer a Caprées le fortifia a prendre ceste resolution, afin que pendant que son Maistre seroit en ce seiour, il prist toute authorité sur les affaires, & que le gouvernement de l'estat dependist de luy, resemblant Tibere pour un temps, a ce que l'on escrit, un Prince d'vne petite isle, pendant que Seian faisoit l'Empereur a Rome.

Perennis s'estant desfaict de ceux qui se pouvoyét oposer a ses desseins soubz pretexte de poursuyuvre les complices de Lucilla, laquelle auoyt coniuré contre l'Empereur Commodus, plongea cest Empereur le plus auant qu'il peut aux delices, afin de prendre l'authorité & le gouuernement des affaires, & apres usurper l'estat.

Bardas oncle de Michel Empereur de Constantinople en feit autant apres qu'il eust faict tuer Theocriste contuteur, & faict chasser Theodore Mere de l'Empereur : persuadant a ce ieune Prince qu'il devoit luy-mesme gouverner. A quoy estant fort mal propre, Bardas le jetta aux plaisirs & aux voluptez, n'ayant plus honnorable exercice que de conduire un coche, ny plus grande vertu que d'estre bon cocher. Et ce pendant Bardas gaignant le credit du peuple en appellant prez de soy tous les plus doctes Philosophes, & restablissant les estudes & les escoles de toutes sortes de science a Constantinople, se traçoit le chemin pour se rendre maistre de l'estat s'il n'eust esté prevenu par vn autre.

Ie n'entendz pas donner icy des preceptes a personne de trahir son Prince, mais je desirerois donner cest advis aux Princes de prendre bien garde a eux, & ne croire pas que ceux qui applaudissent a leurs desbauches ou mauvaises &

ineptes actions, les affectionnent davantage que ceux qui plus librement les reprennent.

5\. Consideratiõ sur les domestiques du Princè.

Quant aux domestiques du Prince, lesquelz lors qu'il est retiré en privé, par la necessité de leurs charges sont ordinairement prez de la personne, l'on s'en peut aider vtilement, soit pour avoir entrée prez du Prince à heure extraordinaire, soit pour estre favorisez de quelque mot, lors que le Prince parle de nous, soit pour estre advertiz des charitez que l'on nous pourroit prester. Car la pluspart des Princes porte vn autre visage en public, & vn autre en particulier: & quand ils ont priz confiance en ceste sorte de gens, ils s'ouvrent plus volontiers, s'asseurans que pour leur basse condition & l'obligation qu'ils leur ont, ils n'en oseroient faire leur profit *a*.

Chasqu'un sçait le pouvoir que les affranchis de Claudius avoient sur luy, l'vn desquelz (qui estoit Pallas) il enrichit de telle façon, que sur la plainte que cest Empereur faisoit de la necessité de l'estat, l'on luy conseilla pour estre riche de se faire adopter par Pallas. Aussi fut-ce luy auquel Agrippine s'addressa pour induire l'Empereur à l'espouser: & auparavant Narcissus, qui estoit un autre des affranchis de ce Prince, l'avoit induit à faire mourir Messaline.

L'on sçait aussi le pouvoir des Eunuques souz les Empereurs Grecs, soubz lesquelz ils ont pour un temps gouverné l'Empire, & sans le secours de gens de ceste condition & des valetz de chambre de Constantius, Arbetio surintendant des affaires de l'Empire, estant accusé par le Compte Verissimus couroit fortune de perdre la vie *b*.

Soubs Botoniates Empereur de Constantino-

a *Plerique Principes cũ essent civium dominì libertorum servi erant. Per hos audiebãt, per his loquebãtur per hos pretura etiã & sacerdotia, cõsulatus imo ab his petebantur.* Plin.

b *In comitatu Augusti circumlatrabat Arbetionem invidia, velut summa mox adepturum. Instabat eì strepẽs immania Comes Verissimus, sed cubiculariis suffragantibus vinculis sunt exuta persona qua stringebantur vt conscia, & dolus evanuit & verissimus tacuit.* Marcel. lib. 15.

ple deux simples valets de chambre l'vn nommé Borilus, & l'autre Germanus, ausquelz il se laissoit gouverner, desfavoriserent Isaac & Alexius Comenus.

Mais quand bien le Prince ne se communiqueroit à telles gens, il est bien difficile qu'il puisse tousiours porter le masque sur le visage, & qu'en ses mouvemens privez (lesquels eschappent d'autant plus violemment en secret, qu'en la veuë du monde & du peuple ils sont retenuz avec plus de contraincte & de peine) l'on ne recognoisse quelque chose de ses intentions: C'est une des humeurs de la Court, non seulement de recercher toutes sortes de gens pour faire ses affaires, mais aussi de se persuader que comme un homme croist de credit, ou de suitte, qu'il croist aussi de sens ou de prudence. Ce que Arrian en son Epictete represente par l'exemple d'vn Epaphroditus, & de deux de ses esclaves, qui estoient devenus l'un valet de garderobe, ayant charge de de l'vrinal & chaire percée de l'Empereur, & l'autre cordonnier: lesquelz Epaphroditus courtisoit loüãt & prisant leur conseil & leur prudence, encores qu'il les eust peu auparavant vendus, pour n'en sçavoir que faire.

Quoy que ce soit en la Court l'on se doibt persuader, si bien l'on n'y peut trouver de grandz amis, qu'il n'y a point aussi de petitz ennemis, & que chasqu'un peut nuire ou profiter selon sa qualité.

En la Cour de Tibere l'on reputoit a faveur d'estre cogneu de ceux qui gardoient la porte de Seian pendant qu'il estoit en credit a.

Ce sera donc prudence de se faire amy des

a *Etiam Satrium & Pomponium venerabantur. Libertis quoque & ianitoribus Seiani innotescere pro magnifico accipiebatur.* Tacit. li. 4. Annal.

domestiques du Prince, & leur rendre toutes sortes d'offices, autant que la bien-seance le pourra permettre.

Pour le regard des grandz de la Court ils sont en diuerse consideration. Car les uns n'ont autre chose
6.
Des grandz de la Court.
qui les maintienne que leur maison & certaine qualité hereditaire de grandeur, ou de noblesse sans autre credit & priuauté avec le Prince, mais sans maniment & authorité sur les affaires: les autres ont moins de credit, mais plus d'authorité & maniment: & les autres ont priuauté avec le Prince & authorité sur les affaires.

Grand de qualité ou de maison sās credit.

Les premiers sont de peu de consideration pour nostre avancement : neantmoins il se faut entretenir d'eux & avec respect, tant pour nostre devoir, que de peur qu'ilz ne nuysent, telle affaire se pouvant rencontrer en laquelle si bien d'eux-mesmes ilz ne peuuent pas beaucoup, toutesfois ilz peuuent par le moyen de leurs amys & de leurs serviteurs.

Ces grandes maisons ne sont iamais sans dependances d'autres personnes qui sont bien ayses de leur complaire, ou pour quelque obligation precedente qu'elles leur ont, ou pour crainte de leur grandeur, & vicissitude ordinaire des faueurs des Princes & de la fortune.

Archelaus Roy de Cappadoce n'ayant tenu conte de courtiser Tibere lors qu'il estoit retiré à Rhodes s'en trouva mal. Car Tibere estant depuis venu a l'estat, luy reprocha ce mespris, & pour s'en vanger soubz main, le feit accuser d'autre chose, dequoy ce vieillard mourut de regret: n'ayant toutesfoys obmis ce devoir par orgueil, mais seulement a fin d'eviter la ialouzie, qu'Auguſté en eut peu prendre, pource qu'il n'eſtoit pas ſeur de ſe monſtrer amy de Tibere pendant la vie de Caius Ceſar *a*.

Il faut auſſi conſiderer que ceſte ſorte de grands n'eſt iamais ſi deſcheuë qu'ils ne puiſſent mal faire, ſi bien les moyens de bien faire leur ſont retranchez : toutesfois s'ils ſont en ombrage au Prince, nous rechercherons quelques pretextes pour nous en approcher qui nous puiſſent ſervir d'excuſes, ſi non nous nous contenterons de ne les avoir pour ennemis.

Mais ou nous recognoiſtrons que l'intention du Prince en nous eſleuant ſeroit pour nous contrebutter a eux (comme il eſt aduenu ſouvent que les Princes en ont ainſi usé) il faut ſe reſoudre a les heurter, ſi accortement toutesfois, & auec tel choix des occaſions, que le commun recognoiſſe que c'eſt avec raiſon, & que le Prince en reçoive contentement.

Et bien que ce meſtier ſoit hazardeux, neantmoins celuy qui eſt eſlevé par le Prince pour ceſt effect en peut recevoir ces avantages.

L'un eſt qu'il s'authoriſe, & que ceux qui ſont moindres que les Grands, auſquels il faict teſte ſe reſolvent de ployer : craignans en faiſant autrement d'offenſer le Prince.

L'autre eſt, qu'il s'attcha au Prince plus eſtroictement, & s'il ſçait choyſir les occaſions ſpecieuſes & qui regardent le ſervice de ſon maiſtre, ou la protection du peuple, ou la deſcharge du public, il en ſera loüé d'un chaſcun & ſa reputation en accroiſtra.

Mais il adviſera de ne rien entreprendre dont il ne uiennent a bout. Car outre ce que le commun

a *Archelaus quinquageſimum annum Capadocia potiebatur inuiſus Tiberio quod eum Rhodi agentem nullo officio coluiſſet. Nec id Archelaus per ſuperbiã omiſerat ſed ab intimis Auguſti monitus, quia florente C. Cæſare miſſoque ad res Orientis intuta Tiberij amicitia credebatur.* Tacit.

Comme ſe doibt comporter celuy qui eſt eleve par le Prince pour l'opposer aux grands.

iuge la plus part des choses selon l'evenement, & donne le tort a celuy qui perd sa cause, quelque iustice qu'il ayt, il hazarderoit grandement la reputation de son Maistre, & par consequent la faveur que le Prince luy porte : lequel seroit contraint de le desavoüer, afin de ne point participer a la honte de n'estre peû venir a bout de ce qu'il avoit entrepris: ou s'il le vouloit avoüer sans doubte il tomberoit en un mespris de ses subiects, & esleueroit le cœur, & les esperances de celuy contre lequel il se seroit butté.

Quand ie dicts de se butter contre les grands, ce n'est pas de venir aux mains avec eux, cela ne se pouvant faire sans troubler l'estat : moins de leur faire des affrontz ou mesdire deux. Car cela sent son homme de peu de iugement, & qui est enyvré de sa bonne fortune laquelle luy a osté le sens & l'entendement, & telles gens ordinairement font mauuaise fin *a*.

Tel fut Cneus Piso *b*. qui fut envoyé en Syrie par Tibere pour traverser Germanicus, & balancer son credit en quoy il se comporta si insolemment qu'apres la mort de Germanicus, son maistre fut contraint de l'abandonner à la hayne publique.

Mais i'entends de s'opposer aux entreprises des grands qui peuuent estre interpretées a mauuais dessein, ou contre l'estat ou contre la police, ou bien l'ordre qui concerne la religion, la iustice, les armes, ou les finances : & encores de s'y opposer en façon que l'on ne recognoisse en luy aucune passion particuliere, mais seulement un desir du bien, iustifiant le plus qu'il pourra ses actions envers les bons & tous ceux qui auront interrest de les sçavoir.

a Ἀχαλίνων στομάτων, ἀνόμου τ' ἀφροσύνας, τέλος δυστυχία.

b *Nec dubium habebat Cneus. Piso ingenio violentus & obsequij ignarus se delectum qui Syriæ imponeretur ad spes Germanici coercendas, &c.* Tacit.

Si i'avois a proposer quelqu'un a imiter en ceste charge, ie proposerois entre les nouveaux le Cardinal Ximenes, qui fut eslevé en credit par la Royne Isabelle de Castille pour l'opposer aux grands d'Hespaigne qui lors n'estoyent pas si obeyssans qu'ilz sont a present. L'ayant de Cordelier faict son confesseur, & depuis par l'aviz du Cardinal de Mendosse faict Archevesque de Tolede aprez luy, & quelque temps apres Inquisiteur de la Foy, a fin de luy donner plus d'authorité. En laquelle il s'est tellement gouverné que non seulement soubz Isabelle, mais depuis soubz Ferdinand d'Arragon: & aprez sa mort iusques a l'arrivee de Charles qui depuis fut Empereur, il a esté comme seul arbitre & moderateur des affaires d'Hespaigne: ayant tousiours mis de son costé le Prince & le peuple és querelles & differens qu'il a eu à desmesler avec les grandz.

Que si bien le bruit a couru qu'il avoit esté empoysonné, & que luy-mesme en eut quelque opinion, toutesfois cela ne s'est verifié, & n'y a pas grande apparence, estant si avancé en aage qu'il estoit, quand il est mort.

De façon que ceste opinion ne peut rien diminuer de sa bonne fortune, laquelle en partie il doibt a sa bonne conduite.

La fin est bien plus deplorable de Cicho Simoneta qui avoit manié les affaires de l'estat de Milan soubs le Duc François Sforza, & depuis soubz Galeace son fils. Et a cause de sa fidelité avoit esté choisy pour s'opposer aux freres de Galeace, & gouverner l'Estat soubz le Vefve pendant le bas aage de son filz.

Car ayant esté contraint de chasser de Milan

les freres de Galeace & Robert de Sainct Severin a fin de conserver l'estat à son pupille, la mere peu apres feit accord avec eux aux despens de ce pauvre homme: lequel elle livra a ses ennemis, qui le feirent depuis cruellement mourir au Chasteau de Pavie, apres l'avoir gardé prisonnier quelque temps. Ce qui nous doit faire recognoistre combien il est dangereux de faire ce mestier pour des Princes inconstans & legers, lesquels pour peu desauoüent & abandonnent leurs ministres a leurs ennemis.

Les Grandz qui ont privauté avec le Prince sans authorité sur les affaires.

Les Grandz qui ont credit & priuauté avec le Prince, sans toutesfois avoir aucune authorité sur les affaires, peuvent seruir sinon pour nostre avancement, au moins pour nous donner entrée prez de luy.

Ces Grandz aussy peuuent nous rendre agreables par la recommandation des services que novs avons faictz, desquels ils le peuvent faire ressouvenir, nous excuser des faultes esquelles par inaduertance nous serions tombez, & nous defendre contre les calomnies & charitez lesquelles l'on nous auroit prestées prés de luy. Et comme si nous les avons pour amis, nous en pouvons reçeuoir plusieurs bons & utiles offices pour preparer la voye a nostre avancement, encores qu'il ne depende du tout d'eux: ilz nous peuvent, s'ils sont contre nous, desfavoriser beaucoup, & nous faire de mauvais offices, qui nous reculeroyent bien loing de la grace du Prince; & partant nous les devons courtiser, & par toutes sortes de services bienseances a nostre condition gaigner leurs bonnes graces: consideré mesmement qu'il est bien difficile que la

faueur

faveur demeure long temps en ce point de simple privauté. Car encores la resolution du Prince ne soit pas de donner le maniment des affaires à telles gens, neantmoins peu souvent refusera-il d'avancer à leur recommandation quelqu'un aux affaires, lequel luy sera d'ailleurs agreable, & qu'il recognoistra le pouvoir dignement servir : & si bien ilz ne peuvent pas faire l'office entier, celuy qu'ils feront pourra valoir pour faire preferer celuy qu'ilz recommanderōt à vn autre de semblable merite.

Des grāds qui ont authorité sur les affaires & peu d'accez pres du Prince.

Quant à ceux qui ont toute authorité & commandement sur les affaires, & toutesfois peu d'accez envers le Prince, ils se rencontrent ordinairement soubs les Princes qui vivent en paix, ou qui du tout adonnez à leurs plaisirs, estans d'ailleurs incapables de gouverner leurs affaires negligent de les entendre, & s'en rapportent à un ou deux ausquels ils se fient: la rencontre desquels le plus souvent ils evitent de peur d'estre importunez du discours de leurs affaires, prenās à courvée d'y penser seulement.

Soubs telz Princes il vault mieux faire la Court aux valetz qu'au maistre. Car comme ilz se rapportent de la disposition des affaires à ceux-là, aussi se rapportent ils le plus souvēt du choix des personnes qu'il y faut employer : pource que n'entendans les affaires, ilz ne peuvent pas iuger quelle suffisance est requise pour les manier.

Il y a d'autres Princes, qui plus ialoux de leur estat & de leur grandeur, donnent toute authorité de leurs affaires à un ou deux, les authorisās en toutes les functions de leurs charges, mais ſans leur permettre aucune privauté ou familiarité, ne les voulant voir ny parler que pour diſcourir & reſoudre les affaires de leurs charges, ne permettant qu'aucun ſoit employé par leur moyen, de peur que par le pouvoir & authorité qu'ils leur donnent, ilz ne prennẽt tel pied & ſe facent tant de ſerviteurs, que venans à commetmettre quelque faute, ils ne s'en peuſſent ayſément desfaire, ayans trop de ſupport, eſtant un des poinctz que telle ſorte de Prince deſire le plus, que de tenir ceux qui les ſervẽt en crainte, & leur faire croire que d'vn ſeul clin d'œil ilz peuvent ruiner celuy qu'ilz aurõt eſlevé eñ pluſieurs années.

A l'endroict de ces grandz il y a de la peine de ſe comporter. Car recerchant leur bienveillance, elle ne vous peut grandement ſervir, au contraire le Prince le plus ſouvent vous rebutte quand il l'a recognoiſt. & ne les recerchant pas vous avez peine a vous introduire aux affaires, & eſtes ſubject a beaucoup de mauvaiſes rencõtres & de trauerſes qu'ilz vous procurent.

C'eſt pourquoy il faut y apporter vne grande accortiſe, uſant de grand reſpect envers eux, & le leur teſmoigner l'occaſion ſe preſentant, par ſervices & offices ſecretz & non cogneus a tout le monde, recerchant neantmoins d'ailleurs un appuy plus agreable au Prince, qui vous puiſſe faire cognoiſtre & donner entrée prez de luy.

Des grãdz qui ont credit envers le Prince, & authorité ſur les affaires.

Quant a ceux qui ont tout credit envers le Prince & toute authorité ſur les affaires, il vault autant leur faire la Court qu'au Prince meſme.

C'eſt pourquoy l'on s'efforcera de recognoiſtre leurs inclinations & leurs volontez, ſelon leſquelles l'on ſe conformera plus qu'a celles du Maiſtre.

Ainſi donc nous examinerons le plus particulierement qu'il nous ſera poſſible le degré de faveur, auquel ſont les grandz deſquelz nous pouvons eſtre aſſiſtez: & ne les requerrons quelque bonne volonté qu'ilz nous portẽt de choſe que nous ne croyons qu'ilz ne puiſſent faire, ou au moins qu'eux meſmes n'ayent opinion de pouvoir faire. Car il n'y a rien qui faſche tant que d'eſtre prié par un que l'on ayme de choſe laquelle l'on eſt contrainct de luy refuſer.

Faut examiner le degré de faveur des Grandz deſquels l'on ſe veut ayder.

C'eſt offenſer la bienveillance que l'on nous porte que de la faire cõbattre avec l'impoſſibilité ou incivilité d'une demande: & comme unefois un Grand a eſté importuné de quelque choſe qu'il ne peut ou doibt faire, il craint apres l'abord de celuy qui l'a importuné, ou de peur d'une ſemblable rechargee, ou de hõte, que celuy là recognoiſſe la foibleſſe de ſon credit.

Or qui n'a le moyen de ſe faire cognoiſtre aux Grandz, il faut qu'il y procede par degrez, & qu'il taſche de ſe faire cognoiſtre à ceux qui les gouvernent ſoient eſtrangers ou domeſtiques, & pource il faut recercher ceux qui dependent d'eux, & ſelon le degré de la dependãce, obligation & affection qu'ils leur ont, iuger du pouvoir qu'ils ont de nous ayder.

De ceux qui dependent des Grandz.

Quant aux autres qui ſont bien au deſſoubz des Grandz, ſoient ſuperieurs, égaux, ou inferieurs à nous, nous y debvons faire double conſideration. Car les uns nous peuvent ayder, les autres nous peuvent traverſer. Et des uns & des

7. De ceux qui ſont au deſſoubz des Grãdz, les uns no' peuvent ayder.

autres aussi bien que des Grandz nous debvons peser non seulement le credit & pouvoir qu'ilz ont d'eux-mesmes en ce que nous pourchassõs: mais aussi le credit & pouvoir de ceux qui dependent d'eux par parenté, bienveillance, & obligation, y avant plusieurs choses lesquelles il est plus seant & à propos de faire mettre en avãt envers nos amis par ceux qui dependent d'eux, que par nous mesmes: soit pour faire trouver bonne nostre poursuitte, soit pour destourner ceux qui auroient envie de l'empescher.

Mais sur tout il ne faut pas attendre de gaigner des amis sur le poinct que nous en avons à faire, ains les faut avoir practiquez de longue main, & les avoir obligez par diuers offices, & d'autres tesmoignages de bonne volonté.

Les autres nou peuvent traverser comme.

Ceux qui nous peuvẽt traverser sont ordinairement de trois sortes à sçavoir nos ennemis, noz envieux, & noz concurrens ou competiteurs, qui poussez d'émulation pretendent & poursuivent la mesme chose que nous.

Nos ennemis qui nous hayssent à cause de nos amis.

Ceux qui nous hayssent, nous hayssent ou à cause de nous, ou cause de noz amis, desquels eux sont ennemis. Et ceste derniere haine est ordinairement moindre, & se peut appaiser en rẽdant à ces ennemis là quelque office d'amitié, pour tesmoignage que nous ne sommes tant attachez a leurs ennemis, qu'il ne nous reste de l'affection en leur endroict.

Difficile de se maintenir Neutre en la Court.

Toutesfois les partialitez sont le plus souvent si grandes ez Cours des Princes, & les humeurs & amitiez des Grandz qui ont credit si tyranniques, qu'il est difficile de vivre long temps en ceste neutralité, aumoins ouvertement.

Ce que recognoissans quelques-vns ont conservé secrettement l'amitié d'aucuns des principaux de party contraire, non pour trahir celuy qu'ouvertement ilz suivoient, mais pour se relever en cas de cheute : estimans que comme le premier seroit indigne d'vn hommed'honneur, que ce dernier qui n'a pour but que sa conservation propre par moyens licites, ne debuoit estre rejetté.

C'a esté vne prudence que l'on a rapportée non seulement aux querelles deCourt, mais aussi en celles de l'estat. Syenneses Gouuerneur de Tarse pour le Roy de Perse, voyant que Cyrus prenoit les armes contreArtaxerxes son frere, & ne pouvant sans se perdre se declarer contreCyrus, resolut de suivre son party, & envoyer son filz à Artaxerxes pour le servir, afin par ce moyen de se garantir en cas que Cyrus succombast.

Bardas Durus estant sorty des mains des Sarrazins qui letenoient prisonnier, entendant que Bardas Phocas son ennemy estoit nommé Empereur contreBasile, pour s'asseurer des deux costez recercha l'amitié de Phocas, & envoya son filz a Basile, faisant semblant qu'il s'estoit desrobbé de luy à son insceu, afin que si Phocas succumboit, il peut estre reconcilié à l'Empereur, comme il advint.

Solon en la diuision de l'Estat defendit bien la neutralité : mais il n'entendoit pas pour cela que les amis qui prenoient divers partis renonçassent à leurs amitiez particulieres : au contraire le principal fondemẽt de ceste loy estoit, a fin que ceux qui estoyent amis,& neantmoins de divers party, recerchassent des voyes douces & amiables pour oster ceste seule diuersité qui estoit entre eux.

*Des ennemis qui nous hayssent a cause de l'offense qu'ils nous ont faicte.

De mesmes peut on dire que l'on doibt conserver l'amitié de ses amis qui sont de divers partys non seulement pour l'esperance du support que l'ō en peut recevoir en cas de disgrace: mais aussy pour servir a la reconciliation des partys lors que l'on recognoistra les espritz en estre capables,& que l'occasion s'en presentera: qui est le plus seur & plus hoorable moyen en vivant parmy les querelles & haynes des grandz de gaigner leurs bonnes graces, & se conserver l'amitié des vns & des autres.

* Ceux qui nous haissent a cause de nous, c'est ou pour nous avoir offensez (hayne ordinaire des grandz envers leurs inferieurs a: & d'eux entend parler le Proverbe Italien, qui dict que qui offense ne pardonne iamais) ou bien pource que nous les avons offensez.

a O lerum causa acriores quia iniquæ. Tacit. Proprium humani ingenij odisse quem læserit. Tacit. Hoc habeat pessimum animi magna fortuna insolētes, quos læserunt oderint. Senec.

Envers les premiers il ne faut faire semblant de nous tenir offensez b, ou si l'offense est telle qu'elle ne puisse estre dissimulée, il faut monstrer que le temps l'a addoucie & nous l'a faicte oublier. Car la contenance que nous ferions de la porter impatiemment feroit croire qu'il y auroyt en nous vn desir de vengeance, lequel cognu par celuy qui nous auroit offencé feroit qu'il nous nuiroit en toutes les occasions qu'il pourroit c.

b Optimum remedium insidiarum si non intelligantur. Tacit.

Potentiorū iniuriæ hylari vultu, non patienter tantum ferende, facient iterum in... [illegible]

* Mais sur tout il se faut garder d'entrer en menaces, c'est vne sortise de menacer si ce n'est

lors que nous sommes sur le point de la vengeã-ce.

Car outre que par noz menaces nostre ennemy est averty de se tenir sur ses gardes, nous le convions, comme i'ay dict, de recercher les occasious de piz faire: & nous nous engageons en vne honte faisant recognoistre nostre foiblesse, si nous ne pouvons faire reüssir a effect noz menaces.

Ie sçay que ceste douceur ne plaist pas a tous, moins encores a ceux qui sont vindicatifz, & qui tiennẽt qu'il ne faut iamais endurer vne iniure sans ressentiment: non seulement pour le plaisir qu'il y a en la vengeance, mais aussy pour ce qu'vne iniure passée souz silẽce en attire vne autre & de la concluent qu'il se faut rendre irreconciliables envers ceux qui nous offensent. Mais d'ailleurs ces irreconciliables se voulans faire craindre, le plus souvent demeurent seulz sans que personne les veüille hanter. Car chascun estant subiect a broncher & a faillir ou par passion, ou par mesgarde l'on craint de les aborder de peur que venant a faillir en leur endroict, ilz n'entrent en hayne contre nous: & ceux qui les abordent s'apperceuans d'avoir faict quelque chose mal prise par eux s'en retirent pour tousiours, laissans ces irreconciliables en solitude comme bestes farouches: & sachans que telles gens rencontrans occasiõs de leur nuyre, ne leur manqueront, ils s'efforcent de les prevenir. C'est pourquoy a fin de ne se point engager en tant d'inimitiés, je tiens qu'il faut prendre le contrepied, & montrer que l'on est reconciliable, mesmes pour les grandes injures: lesquel-

fecisse crediderint. Senec.

c *Atque Archel. in Capadocia, si in amicitiã Tyberij intelligere videretur, vim metuebat.* Tacit

*Menaces nuysent plus qu'elles ne profitent a celuy qui les faict. Contre la vengeance.

les l'on doit distinguer selon le motif de ceux qui les font,& quelquefois selon leur qualité.

Comme il se faut cõporter au ressẽtimẽt des injures.

Car si transportez plustost de quelque soudaine passion que de malice ilz font contre nous chose qu'ilz ne debvroyent faire,l'injure n'estãt trop atroce nous devons monstrer que tant s'en faut que nous-nous en ressentions,que nous n'y avons pris aucun pied : & si elle est atroce,comme nous ne devons nous monstrer insensibles à ce qui touche nostre honneur , aussy ne deuons nous-nous monstrer irrecõciliables:mais parmi le mescontentement que nous tesmoignerons en avoir,nous donnerons quelque esperance de reconciliation , & laisserons vne porte ouverte pour recevoir vne douce satisfaction,nous plaignãt mesmes(s'il y eschet) aux amis de ceux qui nous ont offencez , & les faisant juges du tort que nous avons reçeu.

Que si l'injure est faicte de bravade & de haulte lutte , ceste petulance doibt estre vangée sur le champ si faire se peut: non tant pour considetion de la vengeance , que pour chastier celuy qui a faict l'injure & le rendre plus sage a l'advenir tant enuers nous qu'enuers d'autres ausquels il se pourroit addresser.

Mais pour cela il ne se faut pas mõstrer irrecõciliable:au contraire il faut tesmoigner que c'est auec beaucoup de regret que par le malheur de ceste iniure reçeuë,nous sommes passez si avant ou que nous sommes contraintz de nous plaindre,& en poursuivre reparation , laquelle nous estant faicte selon la qualité du tort que nous avons reçeu , nous ferons cognoistre que nous sommes prestz de rentrer en amitié.

Que si nous ne la pouvons avoir au bout du temps pour quelque occasion publique ou particuliere, & que d'avanture celuy qui a offensé s'en repente en soy, ou avec submission nous requiere de quelque faveur, nous devons reprendre la privauté auec luy prenant pour satisfaction la recherche qu'il faict, & le besoin que celuy-la qui nous avoit mesprisé & offensé recognoist avoir de nous.

Mais pourceque telles iniures nous sont ordinairement faictes par plus puissans que nous, le premier remede pour ne point entrer en ces inimitiez est de traicter avec eux avec tout respect sans se familiariser ny se rendre ennuyeux par la hantise *a*: & s'ils sont trop hagardz & fascheux, c'est de ne les point hanter du tout si faire se peut.

Des iniures des Grands. Traicter avec les Grandz avec grand respect.

a *Si vitare velis acerba quædam, Et tristes animi cavere morsus, Nulli te facias nimis sodalẽ Gaudebis minus & minus dolebis.* Martial.

† Le second est dissimuler avec patience le ressentiment que l'on en a, n'est faict ny seurement ny sagement de se presenter avec desfy & menace en querelles si disproportionnees : la puissance de ceux qui nous ont faict tort sans subiect, excusant en cela nostre dissimulation.

† Dissimuler iniures des grandz avec patience.

Ie sçay que plusieurs croyent que les intimidations ou craintes que nous donnons a ceux qui nous ont offensez, les peuuent faire penser a nous recercher pour venir a une reconciliation, & cela peut à la verité esmouvoir quelques esprits bas pour une feinte reconciliation : mais non pas pour une vraye, & ne laisseront soubz main de nous offencer s'ilz peuvent : de façon qu'estant plus difficile de se garantir d'vn ennemy couvert que d'un descouuert, il semble plus avantageux pour nous, qu'il ne se reconcilie point avec nous que de l'amener a cela par crainte. Ce que i'entendz pour ceux qui ne sont plus grandz que nous, & de ceux de la compagnie desquels nous nous pourrons passer.

Car ou l'opinion de l'inimitié que nous porteroit quelque grand pourroit nuire a noz affaires, & apporteroit quelque diminution a nostre credit, il vaudroit mieux une reconciliation feinte qu'vne inimitié ouverte.

De noz ennemys pour offense que nous leur ayōs faicte.

Si nous sommes hays pour offense que nous ayons faicte, comme le mal vient de nous, cest à nous aussi de rechercher le moyen de le reparer, ou par nous mesmes, ou par le moyen & entremise de noz amis.

Mais pour iuger lesquelz de noz ennemis peuvent d'avantage nous traverser aprez avoir consideré leur pouvoir nous devons aussi prendre garde de quelle passion ils sont meuz (oultre la hayne) pour nous empescher.

Car les uns sont meuz en suite de la hayne qu'ilz nous portent par desir de vengeance: les autres par crainte qu'ilz ont que obtenant ce que nous poursuyvons, nous ne leur nuysions.

† La crainte pousse avec plus de violence nostre ennemy a s'opposera nous que le desir de vēgeance.

† Or encores que le desir de vengeance soit fort violent, neantmoins la crainte pousse nostre ennemy avec plus de passion pour nous trauerser: & est beaucoup plus difficile de destourner celuy qui sera poussé par ce dernier mouvement, que celuy qui nous sera poussé que du premier.

De l'un nous pouvons venir a bout par offices, services, & satisfactions, mais qui craint & se dessie, ne se peut asseurer qu'avec beaucoup de peine. Le seul moyen est de se reconcilier & faire par l'amitié renaistre la confiance de nous en tels espritz : En quoy il falut mesnager les occasions ne s'en pouvant rien prescrire de certain.

Agesilaus desirant se rendre amy de ceux qui luy estoyent ennemis, recerchoit le moyen de les avancer en quelque charge honnorable, & leur faire donner de grandz commandemens, en quoy en apparence il les obligeoit. Mais pource qu'il estoit difficile qu'en ces grandes charges ils peussent tellement contenter tout le mõde que l'on ne trouvast a redire en leurs actions, ces gens estoyent incontinent accusez, & contrainctz de recercher sa faveur pour se garantir de peine ou de blame, dequoy Agesilaus les delivrant par son assistance il les rendoit amis.

Ayder ses ennemis pour les rédre amis.

C'est une ruze qui n'est trop ordinaire a la Court, de tendre la iambe pour faire tomber quelqu'un, afin d'avoir occasion de le relever & de l'obliger par ce moyen.

Mais il y en a une petite encores plus ordinaire entre les ennemis, de laquelle il se faut garder, c'est la finesse de l'Eutrapel d'Horace qui prestoit a credit, faisoit braves & enfloit le courage a ceux qui les vouloit ruïner *a*.

a Eutrapelus cuicumque nocere volebat Vestimẽta dabat pretiosa, beatus enim iam cũ pulchris tunicus sumet nova consilia & spes. Dormiet in lucem, scorto postponet honestum Officium, nummos alienos poscet ad Imum, Thrax erit aut olitoris aget mercede caballum. Horat. 1. Epist. 18.

† Ainsy ceux qui secondent nos voluptez, noz plaisirs, noz coleres, nos despences, qui nous prisent plus que nous ne vallons, & enflent, comme on dit, le ballon pour nous faire entreprendre au dessus de noz forces & contre la raison, le font le plus souuent pour nous perdre que pour nous faire plaisir.

† Seconder son ennemy en ses mauuaises volõtez pour le ruiner.

Mais pour revenir aux moyens que l'on peut tenir pour se reconcilier avec ses ennemis, si l'on voit que l'on ne puisse les empescher de venir a bout d'vn affaire, il les faudra ayder & les obliger.

Ayder a son ennemy ne le pouvant empescher,

Ce moyen fut tenu par le Cardinal Ascanio Sforza lequel prevoyant ne pouvoir empescher l'effect des menées du Cardinal Iulian, qui desiroit faire Cardinal Iean Petit filz du Pape Alexãdre VI. s'employa tellement en faveur de Iean, que celuy-cy luy demeura obligé du chappeau plus qu'a Iulian, & devint son amy: Aussi est-ce sagesse de monstrer vouloir ce que l'on ne peut empescher & borner sa volonté a son pouvoir.

Que si nous ne pouvons en façon quelconque gaigner noz ennemis, ou les asseurer & les adoucir en nostre endroict, considerans en quel degré d'inimitié nous sommes avec eux, si nous cognoissons quelqu'un duquel ilz soyent plus ennemis, ou ayent plus de crainte que de nous, nous le ferons proposer, ou mettre en avant par quelque autre és choses ou il y aura concurrence pour luy faire faire la mesme poursuitte: afin qu'en comparaison & en hayne de cest autre ou il nous favorise, ou face moins d'obstacle.

Opposer a la poursuitte de nostre ennemy un qui luy soit plus enmy que nous.

Peu differente fut la façon de proceder de Gerlac Archeuesque & Electeur de Mayence pour faire eslire Empereur Adolphe Conte de Nassau son Cousin, auquel les Electeurs ne pensoyent point. Car ayant recognu la discorde qui estoit parmy les Princes lesquelz pouvoyẽt parvenir a ceste dignité, il traicta auec aucuns des Electeurs separement & en secret, donnant a entendre a Vecesslaus lors Roy de Boheme que les voix de la pluspart des Electeurs tẽdoyẽt a faire Empereur Albert Duc d'Austriche son ennemy: mais que s'il luy vouloit donner procuratiõ d'en nõmer quelque autre il s'efforceroit de l'empescher. Ce que Vencesslaus feit. Envers l'Electeur de Saxe, il feignit que l'on vouloit eslire Duc de Brunsuyie son ennemy, & envers le Conte Palatin que l'on vouloit eslire Venceslaus Roy de Boheme aussy ennemy du Comte: & de ceste façon ayant extorqué les procurations de ces Electeurs en leur promettant de s'opposer à l'Eslection de leurs ennemis, il nomma son Cousin, qui du commencement eut esté exclus s'il eut esté proposé.

Voyons comme il se fault gouverner avec les envieux. Il faut beaucoup d'heur & beaucoup de courage pour surmonter l'envie *a*, laquelle (à ce qu'on dit) s'adoucit en communiquant ce qui est envié: mais d'autant que nous voulons pour nous le bien que nous poursuivons & non pour d'autres, il sembleroit que cela pourroit practiquer. 8.

Des envieux.

Remede à l'envie de faire commun ce qui est envié.

a *Invidiam ferre aut felix aut fortis potest.* Publius.

Invidiam quod habet non solet esse diu. Propert.

Ce que i'estime toutesfois se pouvoir faire, non pas en rendant du tout commun ce que nous poursuivons: mais faisant recognoistre à ceux qui nous peuvent envier ce bien qu'estant entre noz mains ils en peuvent recevoir avantage, commodité, support & accroissement de leurs esperances.

Le moyen de parvenir à cela, est de recercher leur amitié & familiarité, & quelque envie & malignité que nous recognoissions en eux contre nous, nous monstrer fort affectionnez envers eux en la condition que nous sommes, afin qu'ils puissent croire que nostre condition augmentant ce sera un accroissement de moyens pour les servir & ayder: leur souhaittans ce que nous desirons, si c'est chose qui leur soit agreable, & monstrans ne le desirer que pour faire plaisir à noz amis, & mesmement à eux.

C'est aussi un remede contre l'envie que de fuyr le fast, les despences excessiues, la vanité, les

Fuyr le fast.

resiouïssances extraordinaires & hors de temps, & ne nous faire trop de feste.

Ceux principalement doibvent prendre garde de plus prez à toutes ces choses, lesquelz viennent de bas lieux. Que si ou la volonté de leur Prince, ou la dignité de leur charge les pousse d'en user autrement, ce sera prudence à eux de monstrer qu'ilz n'y sont volontairement portez, mais forcez par l'authorité de leur Maistre.

Se faire prier avant qu'accepter ce qui nous peut estre envié.

En cela le Cardinal Ximenes au commencement de sa fortune se porta tresbien. Cest homme estoit de bas lieu, encores que depuis plusieurs ayent escrit qu'il estoit Gentilhomme: mais quoy que ce soit estant pauvre il se rendit Cordelier, & ayant esté cognu pour habile par le Cardinal de Mendosse Archevesque de Tolede, il fut à sa recommandation fait Confesseur de la Royne Isabelle de Castille, & depuis fut fait Archevesque de Tolede pour l'opposer aux grands du Royaume par le conseil du mesme Cardinal de Mendosse, apres la mort duquel la Royne poursuivit les Bulles à Rome de l'Archevesché de Tolede pour Ximenes: lesquelles luy ayant voulu remettre entre les mains il refusa, iugeant que s'il acceptoit ceste dignité, elle luy attireroit l'envie de tous les Grandz du Royaume, soubz le faix de laquelle il succumberoit.

De façon que pour l'asseurer de ce costé là, la Royne fust contraincte de le faire prier par tous les Grandz de sa Court d'accepter ceste charge: ce qu'il feist en fin aprez plusieurs refus. Mais il demeura quelque temps sans vouloir croistre ny son train, ny sa despence, quelque remonstrance que l'on luy feist, que ceste dignité requeroit qu'il changeast de façon de viure: de maniere qu'il fallut que l'authorité & commandement exprés du Pape y intervint, auquel il obeït en fin, & ainsi évita l'envie d'une grande dignité desirée de tous les Grandz d'Hespaigne, & du fast d'une d'espence, qui égalloit, voire surmontoit celle des Princes.

Mais si bien ceste forme de proceder peut servir au commencement de la fortune d'un homme, elle ne peut pas toutesfois mettre à couvert de l'envie celuy qui auroit ja monstré par ses deportemens plus d'ambition que simplicité, non plus qu'elle feit en vn certain Constantin Mesopolitain: lequel apres avoir esté chassé de la Court d'Isaacius Angelus, & depuis de celle de Alexius Empereurs de Constantinople, y estant retourné avec l'Imperatrice Euphrosyne feit semblant de ne se vouloir plus mesler des affaires, & afin de le persuader plus aysément se feit Diacre pour avoir subiect de excuser, & s'en faire prier tant plus instamment, ioüant si bien son roolle qu'il fallust que l'Empereur mesme poursuivist une dispence de Xiphilin Patriarche de Constantinople pour luy, par laquelle il luy fut permis de demeurer à la Court, & manier les affaires comme devant, nonobstant les Decretz & Canons qui le luy defendoient: & lors il introduisit deux de ses freres qui estoient tousiours attachez à l'oreille de l'Empereur, pendant que luy vacquoit aux affaires: mais ayant par le passé fait cognoistre son naturel, ceste feinte ne luy servit pas long temps. Car il fut encores chassé, & depuis mourut esloigné de la Court.

Des Concurrens.

Le mesme chemin que l'on tient pour se garantir des effectz de l'Envie, peut estre tenu pour se defendre de l'Emulation ou Concurrence, qui a moins de malignité que l'Envie, mais plus de poincte d'ambition qui ne cause pas moins de traverses.

Les Concurrens se gaignent par l'Honneur & la Vanité.

Ceux toutesfois qui en sont frappez se gaignent aucunesfois par la Vanité & l'Honneur que l'on leur rend: & pour les destourner de courir en mesme carriere que nous, il ne sera mal à propos d'élever leurs esperances plus haut, les y servir, & nous y employer à bon escient, deprimer ce que nous poursuivons, comme chose indigne d'eux, mais par laquelle nous sommes contraintz de commencer, ne pouuans mieux faire, surhausser au contraire leur credit, pouvoir, suffisance & merite, comme ceux qui doibvent mieux faire, & mieux esperer..

Fault leur cacher & les entretenir en doubte noz poursuittes.

Que si nous craignons qu'ils nous devancét en quelque chose nous les entretiendrons en doubte & deffiance de ce qu'ils veulent faire, alleguans raisons de part & d'autre, en façon toutesfois que les contraires à leurs desseins soient plus fortes.

Mais si nous pouvons cacher & dissimuler nostre poursuitte, & l'asseurer auparavant que ceux qui peuuent concurrer avec nous ou nous traverser la sçachent, ce sera le plus court & le meilleur moyen.

Les poursuittes faictes à descouuert odieuses.

Les ambitieuses poursuittes qui se font à descouvert offensent quelquesfois ceux-mesmes qui seroyent pour nous ayder si nous procedions autrement: & ainsi elles nous sont renduës plus difficilles, l'Evenement plus incertain

&

& plus accompagné d'Envie s'il reüssit selon nostre souhait : & si au contraire le refus en est plus honteux.

Il est beaucoup plus seur de faire comme les rameurs qui tournent le doz au lieu auquel ilz desirent aborder, & feindre tout autre pensement.

Ceux-mesmes qui ont voulu commander ont pris ce chemin, se monstrans plus desireux du repos que des honneurs comme l'Agamemnon d'Euripide : & par ce moyen se sont asseurez contre les traverses que l'on pouvoit donner à leur poursuitte, si elle eut esté découverte : se sont garantis de la honte qui suit ordinairement ceux qui se trouvent déceus de leurs esperances : & l'Evenement estant selon leur souhait a esté attribué plustost à leur merite qu'à leurs menees *a*.

† Mais en une chose faut-il prendre garde de ne se rencontrer à faire mesme poursuitte avec un plus grand que nous, & qui ayt beaucoup plus de support, quand mesmes nous recognoistrions le debvoir emporter : imitans en cela M. Lepidus que i'ay dict estre tenu par Tacite pour un tres-sage Courtisan, lequel ayant esté nommé par Tibere avec Iunius Blæsus oncle de Sejan, pour estre l'un ou l'autre esleu Proconsul d'Afrique par le Senat, s'excusa sur son indisposition, l'aage de ses enfans, & mesmement d'une de ses filles qui estoit preste à marier, ne voulant en ceste concurrence heurter le credit & la puissance de Seian, lequel il se fut rendu ennemy s'il l'eut emporté par dessus Blæsus son oncle, comme il pouvoit faire s'il ne se fut excusé *b*.

Moins devons-nous opiniastrer une poursuit-

a *Certissima est regnare cupienti via Laudare modica, & otium ac somnum sequi. Ab inquieto sæpe simulatur quies.* Senec. in Oedip.

† Ne faut se rendre Concurrét d'un plus favorisé que nous.

b *Tū audita amborum verba, intentius excusāte se Lepido cū valetudinem corporis, ætatem liberum nubibilē filiā obtenderet intelligeretur-que quod sciebat avinculū esse Seiani Blæsum atq; eo prævalidū* Tacit. 3. Ann.

La Iustice est plus foible en la Court que la Faveur.

te contre vn qui sera porté par un Prince, lequel ait credit encores que la Loy & la Iustice soit de nostre costé, pource qu'en ceste rencontre la Loy sera tousiours la plus foible, comme il advint en la poursuitte que Germanicus & Drusus feirent pour faire Haterius Agrippa Præteur, lequelz l'emporterent au Senat par dessus la Loy *a*.

Ce sont les principales Considerations que doibt avoir celuy lequel desire de s'avancer en la Court, le surplus doibt venir de son accortise & dexterité. Et bien que ces mesmes considerations luy puissent aussi servir pour s'y maintenir toutesfois il peut encores tirer quelque fruict des exemples de ceux qui sont tombez deffaveur : & en la recognoissance de ce qui a nuyt aux autres se rendre plus accort à le fuyr, prevenir où empescher : & s'il ne peut, au moins à s'y preparer. Ce dernier n'estant moins necessaire que le premier pour ce que le premier se resoult le plus souvent en vn effort inutile, & le dernier sert pour adoucir une cheute qui est ordinaire, & presque infaillible à tous ceux que la fortune a esleuez si hault *b*.

9\. * La Desfaveur ou Diminution de credit envers le Prince provient ou de nostre faute, ou de la malice de noz ennemis, envieux ou concurrens ou du mauvais naturel du Prince, ou de sa mort.

Les deportemens des hommes sont pleins d'imperfections & de desfaux, mais plus de ceux qui estiment estre au dessus de tous les autres, & qui ont acquis non seulement ce poinct que l'on ne leur oseroit contredire, mais aussi de forcer par leur authorité tous ceux qui approchent

a *Cum inter filios Tiberij & leges Senatus disceptaret, victa est sine dubio lex*. Tacit.

Considerations sur les exemples d'aucūs qui sont tōbez en desfaveur.

b *Fortunā citius reperies quam retineas*, Publi.

Summū ad gratum cum claritatis veneris, Consistes ægrè, & potius quam ascendas decides, Cecidi ego, cadet qui sequitur, laus est publica. Laberius.

* Causes de la Desfaveur ou Diminutiō de credit.

De la Desfaveur qui provient de la faute du Courtisan.

d'eux de trouver bonnes, & approuver les fautes qu'ils font.

Les Entreprises contre la personne du Prince ou son estat sont les plus iustes causes de son indignation contre celuy qu'il a esleué en grandeur, procedans d'une extrame infidelité & ingratitude :& par consequent c'est le plus iuste subiect que le Prince puisse avoir de le ruiner.

Des entreprises faites par les favoriz contre le Prince, premiere & plus Iuste cause de leur ruine.

C'est pourquoy celuy que la fortune aura ainsi eslevé, se doibt bien garder de faire entrer son Maistre en ceste opinion de luy : & pour cest effect s'esloigner de la poursuitte des charges & honneurs qui luy peuvent donner ombrage.

† Description d'un Courtisan en la persõne de Seian.

† Seian est representé par Velleius Paterculus pour un des plus saiges & plus advisez Courtisans qui ait esté en la Court de Tibere, aussi estoit-il besoin qu'il fut tel pour se maintenir d'un Prince fin & desfiant comme celuy-là.

Actu otiosi simillimum, nihil sibi vindicantē eoque assequentē omnia semper infra aliorū estimationes se metientē, vultu, vita que trāquillum, animo ex somnem. Patercul. lib. 2.

Il estoit dict-il tousiours en actiou, mais en façon qu'il sembloit estre en repos, faisant tout sans peine ny contrainte, ne se vantant de rien, mais venant à bout de tout, se prisant peu, & au dessoubz de l'opinion que l'on avoit de luy, se monstrant froid & posé en son visage, & en sa contenance : mais ayant l'esprit éveillé, & ne dormant point. Si est-ce qu'en fin l'Ambition l'emporta à poursuivre le mariage de Livia, vefve de Drusus, afin qu'entrant par ce moyen en la maison des Cæsars, ce mariage servist d'échelle aux desseins qu'il avoit sur l'estat. Et encores que le uoulant faire trouver bon à son maistre, il peust assez recognoistre que ceste recerche luy estoit suspecte par le delay qu'il luy demanda pour en deliberer, & la remonstrance qu'il luy

Ambition de Seian recognuë par Tibere.

feit pour l'en dissuader *a*: si ne perdit-il l'envie de s'authoriser par autres moyens pour venir à son but.

Mais voyant Tibere ennuyé du sejour de la ville, il ayda à le faire resoudre de se retirer à Caprées, esperant de diminuer par ce moyen la jalouzie que son Maistre pouvoit prendre de la Court que les Grãds luy faisoient à Rome, comme aussi l'envie que l'on luy portoit: & d'accroistre sa puissance, toutes les affaires ayans à passer par ses mains les lettres par celles des soldatz de la garde ausquels il commandoit: Et estant en son pouvoir de donner entrée, ou la desrnier à qui bon luy sembloit *b*. De façon qu'en peu de temps soubz pretexte de soulager la vieillesse de l'Empereur, prenant la charge de toutes les affaires de l'estat, il s'acquist une authorité ferme (ce sembloit) & puissante.

Mais ayant à faire à vn Prince avisé l'evenement monstra que ce chemin estoit plus hazardeux qu'avantageux pour luy, duquel ie n'estime estre du tout hors de propos d'adiouster icy la suitte, afin de rendre noz Courtisans plus avisez en la conduitte de leur fortune, & les Princes plus accortz en la dispensation de leurs faveurs.

Tibere supposa les deportemens de Seian iusques à ce que par son moyen & ses menees il se fut asseuré d'Agrippine, de Neron, de Drusus à quoy Seian s'employa d'autant plus volontiers qu'il asseuroit par là Tibere contre les desfiances qu'il en avoit, & par le service qu'il luy rẽdoit en ce subject se mettoit plus avant en ses bõnes graces: & que d'ailleurs sa puissãce s'en rendoit plus redoutable, & ses esperances de

Suitte de l'ambition de Seian.

a *Tiberius laudata pietate Seiani suisque in cum beneficiis modicè percursis tẽpus tanquam ad integram consultationẽ petivit.* Tacit.

b *Multa quippe providebat, sua in manu aditus, litterarumque magna ex parte se arbitrum fore, cum per milites commearẽt: mox Cæsarem vergente iam senecta, secretoque loci mollitum munia Imperij facilius transmissurum, & minus sibi invidiam, adempta salutatium turba, sublatisque inanibus vera potentia augere.* Tacit. En l'exemple de Seian se voit l'ambition d'un favorit, & en la procedure de Ti-

parvenir à l'estat plus certaines: ne restans de la maison des Cæsars que des ieunes enfans, lesquelz tant s'en faut qu'ilz peussent empescher ses desseins qu'ils luy pouvoient plustost servir de planche pour passer en l'estat, & s'y establir en se saisissant d'eux, & continuant soubz leur non le maniment des affaires publiques, iusques à ce qu'il eut asseuré les siennes.

bere contre luy se voit la prudence d'un Prince pour ruiner un qu'il a trop hault élevé.

Mais comme le plus souvent l'Ambition est imprudente & precipitée *a*, il ne consideroit pas que plus il estoit prez du but, plus d'ombrage donnoit-il à un Prince desfiant : & que pour se conserver en ses bonnes graces, il devoit plustost recercher de diminuer que d'accroistre son pouvoir : ce qu'il ne feit pas. Car ne luy restant plus que le tiltre d'Empereur, lequel aucuns des siens desia luy donnoient, & le pouvoir de Tribun que les Empereurs avoient unv à leur personne, (afin soubz le tiltre de ceste dignité, de se rendre Souverains) il recercha de plus en plus d'accroistre sa puissance, qu'il rendit en fin redoutable à tous, & suspecte à son Maistre.

a *Omnis Ambitio praeceps.* Senec.

Voyant donc Tibere que Seian avoit gaigné non seulement ses gardes & trouppes Pretorianes, mais aussi un grand nombre de Senateurs & des meilleures maisons de Rome, les uns par biens-faicts, les autres par esperances, & aucuns par crainte : & que mesmes ses serviteurs & propres domestiques rapportoient à Seian tout ce qu'il faisoit & disoit sans qu'aucun osast luy rapporter ce que faisoit Seian : il resolut avant que de rien entreprendre de recognoistre les volontez des uns & des autres, afin de sçavoir de qui il se devoit fier en ce qu'il desiroit faire, & de qui il se devoit garder.

Tibere sõde les volontez avãt que d'étreprendre.

Et pour parvenir plus aysément à son dessein de peur que Seian n'entrast en desfiance, il le feit Consul, l'appellant son compaignon, & son amy, en toutes les lettres qu'il escrivoit & au peuple & au Senat: ce qu'ayant continué quelque temps il feit semblant d'estre malade & en danger, afin de recognoistre ceux qui s'en resiouyroient, ou monstreroient en estre faschez: mais principalement pour remarquer la contenance & les esperances de Seian & des siens.

Quelquesfois il escrivoit qu'il se portoit mieux, & que dans peu de temps il viendroit à Rome, loüant en aucunes de ses lettres Seian, & le rabbaissant en d'autres, avançant aucuns des siens à sa recommandation, & en reculant & desfavorisant d'autres, afin de le tenir entre la crainte & l'esperance.

Ceux qui demeurent entre la crainte & l'esperance sont plus irresolus, & l'irresolution les réd plus aysez à surprendre.

L'honneur & la faveur en laquelle Seian se voyoit le retenant d'entreprendre de peur de ruiner tout à un coup ses affaires, & luy faisant esperer de pouvoir effacer ces legers mescontentemens avec le temps. Ceux toutesfois qui consideroient ceste diversité & changement d'opinions en Tibere, & qui n'estoient pas tant attachez à Seian, qu'à sa fortune, peu-à-peu commencerent à se retirer d'aupres de luy, & aucuns à en faire moins de compte qu'auparavant.

Mais Tibere craignãt que ce mespris ne feit resoudre cest esprit Ambitieux à precipiter son entreprise, feit courir le bruit qu'il luy vouloit donner le pouvoir de Tribun, afin de le surprendre plus aysément: & peu aprez escrivit lettres au Senat pour le retenir prisonnier desquelles

Macro Capitaine des Gardes fut porteur : que si tost qu'il fut arrivé à Rome communiqua cest affaire du commandement de l'Empereur à Memmius Regulus Consul (l'autre Consul estant des creatures de Seian) & à Græcinus Laco Capitaine du Guet avant qu'il fut iour : & venant le matin au Palais pour presenter les lettres de Tibere , ayant rencontré Seian qui tout troublé luy demanda s'il n'avoit point de lettres de l'Empereur pour luy, afin de l'asseurer il luy dict à l'oreille comme en grand secret qu'il luy apportoit le pouvoir de Tribun : lors Seian content & ioyeux entra au Senat, & Macro feit entendre aux soldatz Prætoriens, qui avoient accompagné Seian , le commandement qu'il avoit de Tibere de les faire retirer en leur camp, leur en monstrant les lettres, par lesquelles il leur estoit promis quelque argent, & en leur place il met en garde les compagnies du Guet : puis il entra aussi au Senat, & presenta ses lettres, avant l'onverture desquelles il sortit : & apres avoir commandé à Lacon de faire bonne garde pour empescher que Seian ne s'évadast & esmeust quelque sedition , s'en alla au camp des Pretoriens pour les contenir en devoir.

Artifice des lettres de Tibere pour ruiner Seian.

Les lettres que Tibere escrivoit au Senat estoient fort longues pour donner loisir à Macro de donner ordre à tout ce qu'il luy avoit ordonné , & estoient artificieusement dressees. Le commancement ne parloit point de Seian , mais de plusieurs autres affaires : apres suivoit une legere & briefve plainte contre Seian , puis elles passoient à d'autres affaires : & derechef suivoit une autre plainte contre Seian , toutesfois encores fort briefve : puis entre plusieurs autres diverses choses Tibere commandoit que l'on chastiast deux Senateurs qui estoient amis de Seian, & que l'on se saisist de luy sans parler de le faire mourir, afin de luy laisser esperance de se pouvoir purger de toutes les plaintes qui estoient faictes contre luy, lesquelles estoient legeres & de petite importance.

La lecture de ces lettres estant parachevée plusieurs de ceux qui estoient là, & l'avoient accompaigné au Senat, voyans qu'il n'estoit point parlé du pouvoir de Tribun, commencerent à s'élever & l'environner de peur qu'il n'eschappast. Ce que l'on tient que sans doubte, il eut fait si les lettres eussent esté plus rudes : mais ne recognoissant rien qui luy deust donner subiect de crainte, il demeura en sa place, d'où Memmius Regulus l'ayant appellé par deux ou trois fois, en fin il se leva, non (à ce qu'escrit Dion) qu'il refusast de ce faire la premiere fois par orgueil : mais pource qu'il estoit desaccoustumé d'obeïr, & se levant fut suivy de Laco Capitaine du Guet.

Lors Regulus se levant aussi accompagné des autres Magistratz le mena hors de la Court & le conduisit en la prison, où il fut apres condamné par le Senat d'estre precipité d'un lieu que l'on appelloit les eschelles Gemoniennes.

Voyla la cheutte d'un des plus accortz & plus authorisez Courtisans qui se trouve en tout le temps passé, laquelle il ne faut pas tant attribuer à la prudence & conduite de son maistre (qui toutesfois en ce faict apporta beaucoup de circonspection) qu'à sa puissance, qui seule sans tant de façons le pouvoit ruiner.

Ce

Ce que Commodus beaucoup moins fin que Tibere monstra en la personne de Perennis, qui prenoit vn mesme chemin que Sejan, & qui ayant a faire a vn Prince faineant se pouuoit promettre meilleure yssuë de sa coniuration.

Exemple de la ruine de Perennis par Cõmodus.

Ie sçay que chascun en telles entreprises estime estre plus fin que son compaignon, & auoir vne prudēce particuliere pour faire reüssir ses desseins, aucuns les ayans conduict iusques au point de l'execution, comme feit Boïlas soubz Constantin Monomaque Empereur de Constantinople, lequel auoit assez heureusement conduit le sien: si n'eut-il échappé la fortune que courent semblables entrepreneurs, s'il n'eut rencontré vn Prince plus doux, & qui pardonnoit aysément ses iniures.

Rarement les desseins d'un suject contre la personne de son Prince reüssisset quelque finesse que l'on y apporte.

Cest exemple seruira pour faire cognoistre qu'en telles choses ce qui est caché aux yeux des hommes, Dieu le releue par moyens desquelz l'on ne se doute point, & quelque finesse que le subiect apporte en semblables entreprises il court fortune de s'y perdre.

Exemple de Boïlas.

Ce Boïlas estoit homme duquel vray semblablement ce Prince ne se pouuoit desfier, non seulement pour l'auoir obligé par l'amitié qu'il luy portoit, mais pource qu'il auoit beaucoup de défaux qui le rendoyent incapable de haultes entreprises. Car outre qu'il estoit de bas lieu, il ne pouuoit parler qu'en begayant, & si peu intelligiblement que l'on ne le pouuoit entendre qu'auec grande peine, & pource qu'il voyoit que son Maistre prenoit plaisir de l'oüir ainsi parler, il aydoit encores a ceste imperfection & l'affectoit.

Par ceste façon de bouffonner il prist telle familiarité auec luy, que ny le serrail des femmes ny le cabinet ne luy estoyent fermez. En fin ayant esté enrichy par son Maistre, & faict Senateur, il dressa ses esperances plus hault, iusques a entreprendre de le tuer pour se mettre en sa place : ce qu'il descouurit premierement a ceux qu'il recognoissoit hayr l'Empereur, faisant de grandes promesses a ceux qui approuuoyent son dessein, & luy promettoyent de l'assister : & loüant ceux qui ne le trouuoyent bon, leur disoit que ce qu'il leur auoit proposé n'estoit que pour sonder leur fidelité enuers l'Empereur, auquel il ne manquoit d'en rendre tesmoignage les exhortant d'y persister.

Traictant cest'affaire de ceste façon, il fut longtemps sans estre descouuert ny des vns ny des autres, & ceux de sa faction s'asseuroyent qu'il viendroit à bout de son entreprise, comme sans vn de ses complices qui le decela, & qui fut cause que l'on l'espia pour le prendre sur le faict ayant l'épee en la main pour frapper son Maistre, il l'executoit. Ainsi surpris l'Empereur se contentant de le chasser apres auoir faict chastier quelques-vns de ses adherans.

Ie serois long si ie voulois rapporter icy les exemples de tous les grands qui ont faict naufrage en Court, non seulement pour semblables entreprises, mais par la desfiance que l'on a eu qu'ilz seroyent pour y penser. Ie me contenteray pour le present de ceux-cy.

Tout Orgueil d'vn subiect est odieux au Prince.

Et diray qu'en quelque façon que le Courtisan face paroistre son Orgueil contre son Prince, soit par Ambition, Vanterie, Reproches, Mesdisances ou suite & train extraordinaire : il court aussi fortune de se perdre. 10.

Les Vanteries & Reproches des seruices perdirẽt Philotas & Clytus prez d'Alexandre, & Craterus n'ẽ estoit pas si biẽ veu qu'il eust esté, s'il se fut contenu dans les termes d'vne genereuse modestie.

Les Vanteries & Reproches des seruices, causes de Défaueur.

L'on escrit que Sylius se perdit prez de Tibere de ceste façon, & Syllas General des troupes du Roy Agrippa, a ce qu'escrit Iosephe perdit le fruict de toutes ses seruices, en les reprochant a son Maistre.

Antonius Primus ruina sa reputation & sa fortune pres Vespasian par vne mesme vanité *a*.

Les Princes *b* croyans que par-là l'on veult diminuer quelque chose de leur bon-heur qu'ilz tiennent estre attaché a la personne, & non a la valeur, suffisance, ou merite de leur suiect.

a *Inde paulatim leuior viliorque haberi manente in speciem amicitia*. Tacit. lib. 4. hist.

b *Destrui Princeps per hæc fortunã suam, imparemque tanto merito perebatur*. Tacit lib. 4. Annal.

La façon aussi de reprendre les actions du Prince & mesmes de se plaindre trop hardiment a son Maistre, est indiscrette, & part souuent d'arrogance. Eumenes se plaignant à Alexandre qu'Hephestion auec sa suite de farceurs & autres gens de telle estoffe occupoit les logis qui deuoyent estre baillez aux gens de guerre, & ayant sur ce subiect vsé de paroles trop libres en pensa estre disgracié.

Reprendre les actions du Prince ou s'en plaindre, cause de Défaueur.

Pareillement abuser de la priuauté de son Maistre & vouloir estre veu seul ordonner & disposer de ses affaires se peut rapporter a l'orgueil, encores qu'aucuns le facent par vanité, & autres par avarice : comme Zoticus soubz ce monstre d'Heliogabale, qui eut meilleure fortune qu'vn

Abuser de la Priuauté & vouloir estre veu gouuerner le Prince cause de Défaueur. Des vendeurs des fumees. c *Fumo punitur qui fumum vendidit*, Lamprid.

Thurinus soubz Alexandre filz de Mammæa, lequel cest Empereur feit mourir de fumee, pour auoir vendu des fumees, ainsi que le publioyt l'huyssier qui assistoyt a l'execution : cest homme ayant faict croire a toute la Court qu'il gouuernoit son Maistre, attribuant a son conseil & aduis tout ce que l'Empereur faisoit, & vendant les liberalitez, mesmes celles en la poursuitte desquelles il n'auoit aucune part.

Heurter les Princes ou Grands par Orgueil ou Vanité, cause de Défaueur.

Mais pour venir a l'Orgueil qui s'addresse contre les Princes ou Grands lesquelz sont au dessoubz du Souuerain, vn des plus notables exemples, & pour l'outrecuidãce, & pour la vanité, & pour l'infidelité est celuy de Plautianus : duquel l'outrecuidance le feit heurter contre Bassianus filz de l'Empereur son Maistre, qui l'auoit esleué en la grandeur en laquelle il estoit : & sa vanité fut telle, qu'en allant par la ville non seulement aucun ne l'ausoit accoster, mais faisoit aussi marcher des gens deuant luy, pour faire retirer ceux qui se rencontroyent au lieu, ou il debuoit passer, deffendans qu'aucun ne fust si hardy de le regarder.

Mais en fin cest aueuglement le conduit a l'infidelité qui le feit coniurer contre son Maistre & perdre la vie.

L'on sçait comme Enguerrand de Marigny se trouua de s'estre heurté pendant sa faueur, soubz Phillippes le Bel contre Charles de Valois.

Se rendre Instrument de Diuisiõ entre les Princes cause de Défaueur.

Non plus se faut-il rendre Instrument de Diuision entre les Princes lesquels s'accordent tousiours aux despens de ceux qui les ont mis mal ensemble. Entre plusieurs exemples il s'en lit vn, en l'histoire de Bauieres d'vn certain

Othon Crondorfer Faulory de Raoul Palatin du Rhin, qui ayant mis son Maistre mal auec sa mere, en fin ce Prince & ceste Princesse s'estans accordez luy feirent couper la langue & creuer les yeux.

† Mais non seulemẽt il ne se faut heurter cõtre les Princes, qu'il se faut bien garder de heurter ceux qui ont plus de faueur que nous ny de trouuer a redire a leur auancement *a*.

Ce fut vn conseil que Germanicus mourant donna à Agrippine, de n'irriter les plus puissans en credit & faueur, lequel n'ayant esté suiuy par elle en fin se perdit elle & ses enfans.

I'ay dict qu'Eumenes cuyda estre disgracié par Alexandre pour s'estre irreueremment plaint d'Hephæstion, estant egallement offencé, & de l'irreuerence des propos, & de l'enuie que par-là Eumenes monstroit porter à Hephæstion.

C'est pourquoy il est tres-necessaire a vn Courtisan, de recognoistre en quel Degré de Faueur il est pres de son Prince, en comparaison d'vn autre, & ne iuger pas tant par les apparences exterieures, que par les causes de la Faueur.

Craterus & Hephæstion sembloyent vn temps estre egallement en credit pres d'Alexandre, lequel appelloit Craterus l'amy du Roy, & Hephæstion l'amy d'Alexandre. Par où toutesfois Craterus deuoit recognoistre, comme les Princes sont plus attachez a leurs Volontez & Inclinations, qu'ilz ne sõt le plus souuent a ce qui seroit requis pour la Dignité de leur charge: Que celuy aussi lequel affectiõne la Dignité, si bien il est aymé du Prince, l'est toutesfois moins que celuy qui s'est du tout attaché a la

† Ne se faut heurter cõtre celuy qui est plus en faueur que nous.

a *Non est nostrum æstimare quem supra cæteros & quibus de causis extollas. Tibi sũmum rerum iudicium Dij dedêre, nobis obsequij gloria relicta est.* Marcus Terét. Tiberio Augusto apud Tacit. lib. 6.

Faut recognoistre en que Degré de Faueur l'on est pres du Prince. Celuy qui s'attache a la Volonté du Prince est ordinairement mieux aymé que celuy qui s'attache a ce qui est de sa dignité ou Reputation.

persõne laquelle touche plus pres le Prince que sa dignité. Et si bien en laquelle de Craterus & d'Hephæstiõ laquelle auoit diuisé toute la Court, Alexãdre s'y porta comme neutre reprenant aigrement l'vn & l'autre, & les menaçant esgalement de les chastier si a l'aduenir ils se querelloyent: ce fut plustost vn traict de prudence pour estouffer les partis, & le feu que ceste diuision eut allumé si elle eut continué, qu'vn tesmoignage d'affection esgale: ayant repris Hephæstion publiquement pour diminuer l'enuie que l'on luy portoit: & Craterus a part pour euiter que la pluspart des Macedoniens qui estoyent pour luy ne s'en offençassent. Qui est la façon que le Princes doybuent suyure en semblables occurrences.

Prudence d'Alexandre pour accorder deux siens Fauoris.

Mais pour reuenir a ceste consideration que nous auons dicte debuoir estre faicte du Degré de Faueur auquel nous sommes pres du Prince en comparaison d'vne autre, l'on remarque que ce fut vne des premieres fautes que feit Antonius Primus (duquel nous auons parlé) de se heurter sans y prẽdre garde contre Mucianus, qui estoit plus en credit que luy pres de Vespasian: & lequel (dict Tacite) il estoit plus dangereux de mespriser que Vespasian mesme.

Nihil aduentantem Mucianum veritus quem exitiosius erat quem Vespasianũ spreuisse. Tacit. hist. 3.

C'est chose qui se reçognoist en toutes les Courts, que le Mespris que l'on faict des Fauoriz des Princes est mieux vangé, que celuy lequel se faict du Prince mesme, dequoy Dion rend la raison parlant de Sejan.

Il est plus dangereux de Mespriser le Fauory que le Prince.

Car comme ceux, dict-il, qui possedent quelque dignité a cause de leurs merites, ne recerchent pas curieusement ces vains respects & ceremonies desquelles l'on vse ordinairement en la Court enuers les Grands : aussi ceux qui recerchent les honneurs pour rehausser leur bassesse & l'indignité de leur condition portent fort impatiemment, & reputent à iniure quand on ne leur rend le respect que le rang de faueur du Prince enuers eux merite *a*. D'où vient qu'il y a plus de peine de s'entretenir de ceste sorte de gens, & de se conseruer en leur amitié qu'en celle du Prince, lequel en pardonnant ses iniures peut accroistre sa reputation, au lieu que ceux-cy croyent que faisans le semblable l'on l'interpreteroit à crainte & à foiblesse: & que pour faire paroistre leur puissance & l'affermir, il n'y a meilleur moyen que de chastier & poursuiure ceux qui s'oublient en leur endroict.

a *Asperius nihil est humili cum surgit in altum. Cuncta ferit dum cuncta timet, desæuit in omnes, vt se posse putent.* Claud. in Eutrop. lib. 1.

Non seulement l'Orgueil enuers les Grands est insupportable, mais aussi souuent a-il apporté la ruine à ceux qui s'y sont laissez aller à l'endroict de moindres. Aluaro de Luna Bastard d'Aragon estoit tellement fauorisé du Roy Iehan d'Aragon que ce Roy luy-mesme & de son bon gré se desroba d'entre les mains des principaux & plus grands de son Royaume, pour luy remettre sa personne & ses affaires, au maniment desquelles luy estant auenu de se comporter auec insolence, ayant faict ietter par la fenestre vn Gentilhomme qui de la part du Roy luy parloit de chose qu'il n'auoit à plaisir, le Roy luy feist trancher la teste, & ainsi chastia-il l'orgueil de ce Prince.

Orgueil en l'exercice d'vne charge est odieux au Prince mesme qui le punit en subject.

Vn aultre subject de Desfauoriser vn Courtisan est, quand par ses deportemens il attire la hayne du peuple, ou des grands contre luy ou

Hayne du peuple ou des Grāds, cause Desfaueur.

contre son Maistre. Car ou son maistre se resoult de se desfaire de luy, ou les autres Courtisans se resoluent de le perdre.

Cum præfecti prætorio vidissent Commodum in tantum odium incidisse obtentu Anteri cuius potentiam præfecti prætorio ferre nō poterant, vrbano Anterum eductū e Palatio sacrorum causa & redeūtem in hortos suos per frumentarios occiderunt. Lamprid.

Commodus fut contraint de faire mourir Cleandre qui gouuernoit les affaires soubz luy, pour appaiser l'émotion du peuple de Rome, contre lequel ce Cleandre auoit armé les gardes de l'Empereur.

Eutropius fauory d'Arcadius ayant esté cause de la reuolte de Tribigildus fut abandonné par son Maistre à ses ennemis pour auoir paix.

Commodus estant hay pour l'amour qu'il portoit à Aternus, les plus affectionnez seruiteurs de l'Empereur se resolurent vn soir que ce ieune homme s'en retournoit en son logis, de l'enleuer & le faire tuer, comme ils feirent.

† L'infidelité cause de Desfaueur.

† L'infidelité en la descouuerte du secret du Prince *a*, & en l'intelligence auec ses ennemis est aussi vne des plus ordinaires & des plus iustes causes de la ruine d'vn Courtisan: & neantmoins vne des fautes plus communes qui se commet aussi bien par legereté, indiscretion, & vanité, que par infidelité.

† Pour la premiere: Ie diray que la plus grande sagesse d'vn Courtisan est de ne s'informer des secrets du Prince, & ne s'engager a les entendre qu'auec d'autres, pource que auenant que l'on soit tout seul lors que le Prince les communique, si par discours tiré de la conditiō & estat des affaires, il court quelque bruit qui approche de cela, incontinēt le Prince vous soupçonnera de l'auoir dit. Et peut aussi aduenir que le Prince, ayāt dit à vn autre la mesme chose, ou qu'il s'en souuiendra, ou que tenant l'autre en

a *Has conditiones quanquam ipse in secreto voluntauerat cum amicis, vulgo tamen omnes fāma ferebant: vanis vt ad cæteram fidem sic ad secreta tegenda satellitum regiorum ingenijs.* Liuius de Nabde tyranno Laced.

† Le secret du Prince est de difficile garde.

repu-

reputation d'estre plus secret que vous, encores qu'il l'ait publié, il vous accusera plustost de l'avoir revelé que celuy-là.

Philippides poëte Comicque estant de toute la Court du Roy Lysimachus, celuy qui estoit plus avant en ses bonnes graces : & Lysimachus luy demandant dequoy si il desiroit qu'il luy fist part de tout ce qu'il vous plaira luy respondit-il, horsmis de vostre secret, monstrant par là qu'il ne faut point (qui pourra) se charger de chose de si fascheuse garde, ny se rendre curieux de le sçauoir, non-plus de la bouche de ceux ausquels le Prince en fait part, que de celle du Prince mesme.

Hieron Prince de Syracuse disoit que ceux-là qui reveloient les secretz des Princes faisoient tort & à eux & à ceux ausquels ilz le disoient. Car la cognoissance de leur secret les offensant autant pour le regard des uns que des autres, ilz les haïssoient esgalement.

Intelligence avec les ennemis de son Maistre cause des Desfaveur.

La fortune n'a pas esté plus asseurée de ceux lesquels ou par avarice, ou ambition, ou pour s'appuyer de tous costez ont eu intelligence avec les ennemis de leur Maistre, soient domestiques ou estrangers.

Le Cardinal Baluë (qui de fils de cousturier avoit esté fait Thresorier par Louys vnziesme, & de Thresorier Evesque, & depuis auoit obtenu le chappeau de Cardinal de Paul second, lequel le luy avoit accordé partie à la prieré du Roy, partie pour le gaigner & empescher qu'il ne luy feist de mauuais offices envers son Maistre, comme auparauant il luy en auoit fait) fut descouvert avoir intelligence avec les ennemis du Roy, lequel le feit à cause de ce mettre en prison en la Tour de Loches, où il fut douze ans, d'où il ne sortit qu'à le priere du Pape Sixte IV.

Le Cardinal du Prat pour semblables menées du temps du Roy François I. descheut aussi de faveur, courut vne semblable fortune, n'ayant esté relasché de prison que sur la crainte que le Roy avoit que le Pape s'offençast s'il y mouroit d'une retention d'vrine, de laquelle il feist croire à tous ses Medecins qu'il estoit malade beuvant son urine, sans que personne en peust rien descouvrir.

Pierre des Vignes principal Conseiller de Frideric II. Empereur n'en eschappa à si bon marché. Car estãt soupçonné d'avoir intelligence avec Alexandre III. Pape ennemy de son Maistre, l'on luy fist perdre la veuë.

L'on attribuë la mort de Stilicho, non seulement au dessein que l'on l'accusoit d'avoir de se saisir de l'Empire d'Orient, l'execution duquel estoit encores esloignée: mais aussi à l'estroicte intelligence qu'il avoit avec Alaric Roy des Gots, avec lequel il avoit fait faire vne honteuse paix pour l'Empereur, contre l'adviz de tout le Conseil, & mesmes de Lampadius, qui dit lors que ce traicté n'estoit pas vne paix, mais vne paction de seruitude, l'Empereur s'obligeant de payer tribut aux Gotz, soubs le nom de pension.

Estre Autheur d'vn mauuais cõseil, cause de Desfaveur.

Le Courtisan doibt aussi garder d'estre Autheur de quelque conseil dont l'issuë soit hazardeuse. Car arrivant que l'evenement soit tel que l'on le peut souhaitter, il sera imputé au Prince: & s'il est autre, celuy qui a donné le conseil en sera accusé, non seulement par le commun qui iuge tous les conseils par les evenemens, mais aussi par le Prince qui sera bien aise de rejetter l'envie de mauvais conseil qu'il a pris sur celuy qui le luy a donné.

Auant & apres la mort de Stilicho l'on blasmoit la paix faicte de son adviz auec Alaric: ce qui fut cause qu'Olympius (lequel avoit esté l'instrument duquel Honorius s'estoit servy pour se desfaire de Stilicho) se resolut de prendre contrepied: & ayant toute authorité lors sur les affaires feist rompre la paix, nonobstant plusieurs conditions raisonnables proposée par Alaric, engageant par ce moyen son Maistre en vne guerre, dont l'issuë n'estant telle qu'il s'estoit promis, il fut aysé aux Eunuques qui estoyent prez de l'Empereur de l'accuser, comme Autheur de tous les maux desquels l'Estat estoit affligé: de façon qu'il fut contraint d'abandonner la Court, & s'enfuïr en Damaltie.

C'est un coup de Maistre que de resoudre la guerre; ou la rupture d'un traicté de paix: ce que le Ministre y doit apporter est de luy proposer les raisons de la part & d'autre, sans faire le choix d'aucun party. Et si l'on le contraint à cela, celui de la paix, sans une grande necessité, ou une evidente vtilité, au cōtraire sera tousiours le plvs seur, comme celuy duquel les inconveniens & hazardz sont moindres.

Il est plus seur de conseiller la paix que la guerre.

C'est pourquoy Iovius qui succeda à la Faveur & à la puissance d'Olympius prez l'Empereur Honorius, encores qu'il desirâst la continuation de la guerre contre Alaric, afin de se rendre plus necessaire à son Maistre (ruze ordinaire de la pluspart de ceux de ce mestier) feist semblant de desirer la paix: & s'estant abouché avec Alaric à Rimini, il enuoya à Honorius les articles qui avoient esté proposez de part & d'aultre, & par une lettre separée luy conseilloit de declarer general de ses armées Alaric, afin qu'adoucy par cest offre il retranchast quelque chose de ses autres demandes.

A quoy l'Empereur ayant respondu qu'il ne pouvoit trouver bon de donner ce commandement à Alaric, ny a aucun des siens, laissant à Iovius de luy accorder la demande qu'il faisoit des pensions & des vivres pour les Gotz, ainsi qu'il aviseroit pour le mieux.

Ruze de Iovius pour ietter son Maistre à la guerre, & se tirer d'Envie.

Iovius l'eust ceste lettre devant Alaric, lequel s'indigna tellement de peu de compte que l'Empereur faisoit de luy & de toute sa nation, qu'il rompit le traicté: & Iovius s'en retourna vers l'Empereur, sans avoir rien faict, lequel picqué aussi de son costé, iura de ne point faire de paix avec Alaric, & feit faire semblable serment à tous les siens, entre lesquels Iovius se trouva le plus disposé, qui par ceste façon de proceder se deschargea de l'envie de ceste rupture sur son Maistre & sur Alaric, obligea Alaric par la demande qu'il avoit faicte pour luy du commandement general des armées de l'Empire: Et par ce mesme moyen engagea son Maistre à continuer la guerre, laquelle le rendit plus necessaire, & affermit d'avantage son authorité & sa faveur de luy.

Ie grossirois trop ce discours si ie voulois rapporter icy les exemples de tous ceux qui par leurs fautes particulieres sont descheuz de la faveur que les Princes leurs portoient: & quand ie les aurois apportées icy, encores l'on trouveroit plusieurs autres faultes qui peuvent causer le mesme effect, lesquelles pour estre infinies, il fault laisser à l'accortise du Courtisan de s'en garder, & s'y gouverner.

Venons donc à la Desfaueur ou diminution de credit qui nous est procurée par noz ennemis, envieux, ou concurrens, lesquelz ordinairement se servent de l'un de ces trois moyens, ou de nous esloigner de la Court soubz pretexte de nous employer ailleurs, ou de nous rendre suspectz ou odieux au Prince, ou bien de contraindre le Prince par vive force de nous chasser, ou se desfaire de nous.

II. De la desfaveur procuree par les ennemis, envieux ou concurrens. En trois façons.

L'on nous esloigne par divers moyēs & pour diverses fins. Car à quelques-uns l'on a fait trouver bon cest esloignement par l'offre de quelque charge honnorable en lieu esloigné, ou par quelque occasion en laquelle celuy-là a desiré estre employé pour assister les siens. Comme celle qui fut mesnagée par Styppiota soubz l'Empereur Manuel Comenus pour esloigner Iean Hagiotheodorita son compagnon du maniment des affaires, & qui auoit plus de credit que luy. Car estant suruenu different entre Michel Paleologue & Ioseph Balsamon, Styppiota persuada à l'Empereur d'envoyer Hagiothodorita beau-frere de Balsamon auec pouvoir de gouverner au Peloponnese, pour appaiser ceste querelle, à quoy Hagiotheodorita condescendit d'autant plus volontiers qu'il desiroit assister son beau-frere, ne considerant pas que pendant son absence Styppiota prendroit toute l'authorité sur les affaires, & qu'il accoustumeroit l'Empereur à se passer de luy.

De l'esloignement de ceux que l'on veut Desfauoriser.

Soubz pretexte d'vne commissiō hōnorable.

Il y en a eu qui pour les grandes querelles que l'on leur a suscitées en la Court, ont pris party de s'esloigner soubs pretexte de quelque commission, comme feit Agrippa gendre d'Auguste qui se retira en Asie, soubz ombre de mettre ordre à quelques affaires de l'Empereur, afin de dissimuler la querelle qu'il avoit avec Marcellus *a*.

Pour éviter l'envie, la ialouzie ou les querelles.

a *Agrippa sub specie ministeriorum principalium profectus in Asiã, vt fama loquitur, ob tacitas cũ Marcello offensiones praesenti se subduxerat tempori.* Paterc. li. 2.

Tibere du vivant de Caius Cæsar qui le haïssoit se retira à Rhodes, faisant semblant de prendre plaisir à l'estude des lettres, & pour couvrir son exil luy fut accordé à la poursuitte de sa Mere la qualité de Lieutenant de l'Empereur.

Remansit ergo Rhodi cõtra voluntatem vix per matrem consecutus vt ad velandam ignominiam quasi Legatus Augusti abesset. Suet. ca. 12.

Mais quand les pretextes manquent pour induire celuy que l'on veut esloigner de rechercher de luy mesme les occasions de son esloignement, l'on luy fait commander par le Prince de s'employer en quelque charge, à laquelle l'on a ja persuadé le Prince qu'il n'y a homme plus digne, ny qui le puisse mieux servir que luy.

De mesmes en vse-l'on quand on veult tirer un homme de quelque charge esloignée, où il est en authorité pour le retirer parmy la presse, & le commun de la Court, luy faisant croire qu'il est necessaire prez de la personne du Prince.

De ceste ruze se servit vn certain Apelles pour oster le gouvernement de Peloponnese à Taurion, disant qu'il estoit necessaire qu'il assistat le Roy en ses armées.

Polybius li. 4. Hist.

Darius soubz ce pretexte, & par le conseil de Megabyzus feit venir Histiæus pres de luy, non pour s'en servir, mais pour le retirer d'entre les Ioniens parmy lesquelz il avoit beaucoup de credit.

Herodot. Lib. 5.

Si la fin de toutes ces ruzes n'estoit que pour

Esloignement procuré pour calomnier l'absent plus aysément.

se faire place, ceste façon de proceder entre plusieurs autres pires ne seroit que tolerable, mais plusieurs ont passé plus oultre.

Arbetio soubs Constantius Empereur (afin de calomnier plus aysément *a* Sylvanus General de l'Infanterie qui estoit en credit prez de l'Empereur) feit tant qu'il luy feit donner la charge de commander aux Gaules pour s'opposer aux Barbares qui pilloient & ravageoient ces Provinces là, où estant Arbetio trouva moyen de ietter l'Empereur en ialouzie du credit & authorité que Sylvanus avoit acquis en ces quartiers là, & le faire resoudre de le perdre.

† Vrsicinus General de la Cavalerie soubz le mesme Empereur fut envoyé sur la frontiere de Perse pour l'esloigner de la Court, où aprez l'avoit tenu dix ans l'on luy envoya pour successeur un nommé Sabinianus, homme de peu de valeur & de moindre experience. Et sur la nouvelle qui vint à Constantinople que les Perses se preparoient pour faire la guerre, Eusebius Eunuque & Chambellan de Constantius fist commander à Vrsicinus de demeurer en ces quartiers là, quoy que l'on ne luy donnast aucun pouvoir. Mais le dessein *b* d'Eusebius, & des autres Courtisans qui avoient iuré sa ruine estoit, si les Perses à l'occasion de sa demeure se retiroient, d'en donner l'honneur à Sabinianus, & si d'avanture ilz faisoient progrez, imputer le mal qui en arriveroit à Vrsicinus, comme il advint : Vrsicinus en suitte de ce, & à la poursuitte des Eunuques ayant esté degradé de la milice, & renvoyé en sa maison.

Auparavant soubs le mesme Constantius l'on

a *Sylvanus pedestris militiæ rector, Arbetione id procurante in Galliam mittitur, ad corrigenda mala quæ Gallis à Barbaris inferebãtur ut absonte æmulo, quẽ quietum esse gratabatur periculosæ molis onus impingeret.* Marcel. lib. 15.

† Ou pour le perdre en quelque entreprise.

b *Quod ideo per molestes formatores Imperij struebatur, ut si Persæ frustra habiti redissent ad sua, Ducis novi facinus aßignaretur egregium, sin fortuna secus ingruisset, Vrsicinus reus proditor reip. deferretur.* Marcell. li. 18.

envoya Ruffinus oncle de Gallus & General des trouppes Prætorianes pour appaiser la sedition des soldatz, en esperance qu'il n'en reviendroit point, & qu'il s'y perdroit. Clytus estant envoyé en la Province de Sogdiane, se plaignoit que Alexãdre l'envoyoit ià à semblable intention.

Désfaveur procurée par noz ennemis, envieux ou Concurrans par calomnies ou loüãges.

Le second moyen que nos ennemis tiennent pour nous desfavorizer, est de nous rendre odieux & suspects au Prince : & pour cest effect se servent de deux moyens qui semblent contraires, mais qui font mesme effect, à sçavoir des calomnies & des loüanges.

Consideration sur le subject de la calõnie.

Et sur la vray-semblance.

Ez calomnies deux poincts sont à considerer. Le premier est si elles sont de choses qui soient assez puissantes pour faire changer la volonté du Prince envers nous, le second si elles sont Vray-semblables.

Ce qui peut émouvoir ou alterer la volonté du Prince envers nous, se doibt iuger par son inclination, son humeur, & la qualité des affaires.

Calomnies plus puissantes en l'esprit des Princes.

Mais les calomnies qui iusques icy ont ruïné les plus Grandz, ont esté celles qui ont ietté le Prince en desfiance de quelque entreprise sur sa personne, ou sur son Estat, ou celles qui luy ont fait croire le mespris, que celuy qu'il avoit eslevé en credit & authorité faisoit de sa personne, ou par desobeïssance & peu de respect à ses cõmandemens, ou par mesdisances & mocqueries de ses parolles ou deportemens.

Comment les calomnies se rendent vray-semblables.

Ces calomnies se rendent vray-semblables ou par les parolles & actions indiscrettes, tant de ceux qui sont calomniez, que de ceux qui dependent d'eux, comme serviteurs, amis & parens, ou ou par supposition de lettres faulses, ou par la creance que l'on a en ceux qui font les rapportz, ou par la desfiance que le Prince a desia conceuë contre ceux que l'on Calomnie.

Les Deportemens & Discours que l'on interprete contre ceux que l'on Calomnie procedent d'eux ou volontairement sans force, contraincte, ou inductiõ d'autruy, comme ceux desquels nous auons cy deuant parlé: ou bien les Calomnies y sont poussez par l'artifice de leurs ennemis, enuieux & concurrens qui vsent en cela d'autant de ruzes que leur malice & les occasions leur en peuuent fournir.

Des Deportemens & Discours des Calõniés.

Quelques vns ont conseillé, ou faict conseiller à celuy qu'ils ont volu Calomnier, vne chose soubz pretexte qu'elle luy pouuoit estre vtile ou auantageuse, de laquelle ils se sont seruis apres pour le ruiner, en l'interpretant enuers le Prince a mauuais dessein.

Induction des Calõniateurs pour prendre subiect de Calomnier.

Basilius Empereur de Constantinople cherissoit vn certain moyne Magicien appellé Santabarinus, lequel Leon son fils haissoit: ce que ce moyne recognoissant, se mit a le courtiser pour luy faire croire qu'il l'aymoit, & fit tant qu'il luy persuada de porter vn poignard quand il iroit à la chasse auec son pere, a fin de le pouuoir deffendre si quelqu'vn l'attaquoit. A quoy ce Prince s'estant accordé, le moyne ne manca point de le Calomnier enuers l'Empereur son pere, & luy dit qu'il le vouloit tuer, & qu'a cest effect il portoit vn poignard caché: duquel ce Prince ayant esté trouué saisi, il fut mis en prison, & sans la priere des principaux de la Court, le pere l'eut faict mourir.

Ætius soubz Valentinian III. ayant envie de ruiner Boniface Comte ou Gouuerneur d'Afrique, qui estoit fort estimé par l'Empereur l'accusa envers Placidia mere de Valentinian, de vouloir se rendre maistre de l'Affrique, luy conseillant de le faire venir en Court : & en mesme temps douna advis a Boniface, comme s'il luy eut esté amy, que l'on l'avoit accusé, & que l'on luy deuoit mander de retourner a la Court, mais qu'il s'en debvoit bien garder s'il ny vouloit perdre la teste. Ce que fit resoudre Boniface, nõ seulement de ne point satisfaire au commandement que luy faisoit l'Imperatrice, mais aussi pour s'opposer a ceux que l'on envoyoit contre luy, d'appeller Gomtaire & Genseric fils de Gondarich Roy des Vandales, qui estoient en Espaigne, lesquels par ce moyen se saisirent de la Mauritanie. Mais depuis ceste fourbe ayant esté descouverte, & pour plus grande preuve le duel ayant esté permis par Placidia entre Ætius & Boniface, ætius ayant esté vaincu fut chassé de la Court.

Artifices pour ietter un Calomnié en desespoir.

Paulus Diaconus in Theodoreto.

Samonas qui estoit en quelque credit soubz Leon fils de Basile, a cause qu'il avoit descouvert la coniuration d'un certain autre Basile parent de l'Imperatrice Zoë, voulant ruiner Andronicus Ducas, qui alloit contre les Agarenes, ou Sarrazins avec Himerius Logothete, feit en sorte qu'un des amis d'Andronicus l'advertit qu'Himerius avoit charge de l'Empereur de luy faire arracher les yeux (moyen ordinaire duquel l'on se servoit en ce temps là, pour rendre inutiles les Princes & autres personnes de commandement) & partant qu'il debvoit pouvoir a ses affaires. Ce qu'Andronicus croyant veritable (bien que ce fut une invention de Samonas pour le ruiner) se separa d'Himerius & se saisit d'un chasteau. Dequoy Samonas prist subiect de le Calomnier envers l'Empereur, & faire que l'on envoyast contre luy vne armee, laquelle le contraignit de se retirer avec les Sarrazins ennemis de l'Empereur.

Arbetio ayant mis Constantius en ombrage de Syluanus, & craignant que celuy-cy venant a Rome au commandement que luy en faisoit l'Empereur, il ne se iustifiast, feit bailler les lettres a un Apodemius: qui estant arrivé aux Gaules, au lieu de les presenter a Sylvanus, commença a descrier ses affaires comme desesperees a fin de le faire revolter comme il feit: & par là verifier la Calomnie, qui ne le pouvoit estre par les lettres qui avoient esté falsifiees par Dynamius & certains autres que nomme Marcelin.

Autre artifice pour ietter un Calomnié en desespoir.

Ammian. Marcell. lib. 15.

Sejanus pour ruiner Agrippiner faisoit soubz main que ses amis luy eslevoient ses esperances, a fin de la rendre plus suspecte a Tibere. Et pour la mettre encores d'avantage aux champs, il feit accuser Claudia Pulchra sa cousine par Domitius Afer, a fin de l'inciter de s'aller plaindre a Tibere, comme elle feit avec paroles conformes á son humeur trop altiere & qui offencerent l'Empereur [a].

Vne autre fois il feit donner advis a ceste femme de ne manger de ce que son Beau-pere luy presenteroit, pource qu'il avoit deliberé de l'empoysonner: ce qu'ayant legerement creu, & s'estant abstenuë de manger de ce que Tibere

[a] *Agripina quoque proximi iniiciebātur pravis sermonibus perstimulare.*

luy presenta, elle l'offensa encores davantage *a*.

* Depuis comme on luy eust donné des gardes & à ses enfans, le mesme Seian aposta des hommes pour luy persuader de s'evader & retirer aux armees d'Allemaigne, ausquelles Germanicus son mary avoit commandé, ou de recourir à la statuë d'Auguste, & appeller le Senat & le peuple à son secours, & cela afin de haster la ruine de ceste Princesse.

Auparauant pour ietter le mesme Tibere en desfiance & luy faire croire que ceste femme avoit dessein d'entreprendre contre sa personne, & son estat, il s'avisa de faire entrer en discours de quelque chose de semblable un Chevalier Romain nommé Titius Sabinus *b*. Quatre qui avoient esté Præteurs, & desiroient estre faicts Consulz par le moyen de Seiā (la faveur duquel ne se pouvoit gaigner que par quelque meschanceté) entreprirent ceste affaire : & fut arresté entre eux que Latiaris qui avoit plus de familiarité avec Sabinus la conduiroit, & que les autres trois serviroient de tesmoins. Donc Latiaris le rencontrant commence de mettre en avant quelques propos, puis louë sa constance, de n'avoir comme les autres abandonné la maison de Germanicus en son affliction, duquel il dit beaucoup de bien, faisant semblant d'avoir grande compassion d'Agrippine ; & apres que la dessus Sabinus eut ietté quelques larmes, Latiaris y ioignant les plaintes accusa la cruauté, l'orgueil, & les desseins de Seian, ne pardonnant pas mesme à Tibere ; de façon que ces discours estans de choses deffenduës commencerent deslors à les rendre plus familiers l'un à l'autre *c*. En suitte de

a Seianus mærentem & improvidam altius percalit immissis qui per speciem amicitiæ monerent paratum ei venenum, vitandas soceri epulas. Tacit.

* Ruze des calomniateurs d'induire le servi car a parler pour calomnier le maistre

b *Utque augeatur suspicio in filiæ, si nul & exitium parantur Titio Sabino equiti Romano Germanici Ducis amico.* Tacit.

c *Iique sermones tanquam vetita miscuisse, speciem arctæ amicitiæ fecere.* Tacit.

cela Sabinus volontiers se rencontroit avec Latiaris, alloit en sa maison, & luy declaroit librement ce qu'il avoit sur le cœur.

Le fondement de ceste practique ainsi ietté, ces quatres consulterent de quelle façon ces discours pourroient estre entenduz par eux pour former l'accusation. Car de se mettre derriere une porte, il estoit à craindre ou que l'on ne fust veu, ou que faisant par mesgarde du bruict, ils fussent descouverts, ou mesme que Sabinus ne se desfiast de quelque chose si l'on l'approchoit pres d'une porte. Ce qui les feit resoudre de se mettre au dessus du plancher, tendant l'oreille par les fentes d'iceluy pour oüyr ce qui se diroit. Cela ainsi arresté, Latiaris rencontrant Sabinus, & faisant semblant de luy vouloir dire quelque chose qu'il avoit descouvert depuis peu, le mene en sa maison, & en la chambre destinee pour cela, ou luy faisant repeter tout ce qui s'estoit passé entre eux, il fut recueilly par ceux qui les escoutoient en hault, lesquelz en furent tesmoins, Latiaris l'accusateur, Sabinus condamné & Agrippine avec ses enfans miz entre les mains des Gardes de l'Empereur.

Induire autrui à malfaire, pour auoir subiect de le calomnier

Firmius Catus Senateur voulant par la ruyne de Lybon, allié de la maison des Cæsars s'avancer en la bonne grace de Tybere, persuada à ce ieune homme plus vain que sage de s'enquerir des devineurs & magiciens s'il pourroit pas un iour parvenir à l'Empire, & sur ces esperances luy conseilla de se ietter en despences, & d'emprunter argent, l'accompaignant en tous ses plaisirs, a & luy faisant faire tout ouvertement ce qui pouvoit servir à l'accusation qu'il medi-

a *Sociis voluptatum et libidinum quo plurib. indiciis illigaret, &c.* Tacit.

toit d'intenter contre luy. Et quand il eut assez de tesmoins de ses deportemens, lors il le defera à Tibere par l'entremise du Chevalier Flaccus.

Induire autruy à mal parler du Prince, afin de le calomnier

Styppiota qui sçeut finement esloigner Iean Hagiotheodorita son compagnon pour gouverner seul les affaires soubs Manuel Comene, ne sceut pas se garder d'une surprise pareille à celle qui ruina Sabinus, de laquelle Camaterus Logotheta se servit, le calomniant envers l'Empereur, comme un trompeur & imposteur, trahissant les affaires de Sicile: & afin de rendre sa calomnie plus vray-semblable feit cacher l'Empereur en vn certain endroit de son logis, d'où il pouvoit entendre tout ce qui se disoit en une chambre, en laquelle Camaterus mena Styppiota, qui s'estant mis à parler des affaires de Sicile se laissa aller à plusieurs discours qui feirent entrer en desfiance l'Empereur, lequel les entendoit: & Camaterus non contant de ce, adioustant ruze sur ruze feit encores ietter quelques fausses lettres dans les registres, & parmy les papiers de Styppiota, qui estans secoüez en la presence de l'Empereur, ces lettres tomberent, & seruirent à le convaincre, de façon qu'il fut condamné à perdre la veuë.

Fausseté de lettres pour rendre la Calomnie Vray semblable.

Cest exemple nous donnera subiect de passer au second moyen que plusieurs ont tenu pour rendre leurs Calomnies Vray-semblables par la faulseté des lettres. Car encores qu'elle puisse estre en fin descouverte, neantmoins elle a eu ceste force par le seul soupçon d'allliener la volonté du Prince, & contraindre le Calomnié (ayant aduis de ce changement) de se retirer doucement des affaires craignant pis, ou bien pour se garantir de mal se resoudre à quelques voyes extraordinaires, qui ont donné nouueau subiect de le calomnier, & achevé de le ruiner prés le Prince, comme il ad[illegible]int à Sylvanus, duquel nous auons parlé.

Les faulx tesmoins pevuent aussi rendre vne Calomnie Vray semblable, mesmement si elle est des crimes, à la preuve desquels l'on a coustume d'ayder, comme de leze Majesté & infidelité. Mais plus aysément y adjouste l'on foy quād les Tesmoins sont domestiques.

Faux Tesmoins domestiques gaignez pour rendre la calomnie Vray-semblable.

Eutropius voulant ruiner Timasius vieil Capitaine de l'Empereur Arcadius, & lequel avoit acquit beaucoup de credit & de reputation, recercha de gaigner vn nommé Bargus qui estoit à la suitte de Timasius & de ses plus familiers: & par cest homme le feit accuser d'auoir voulu entreprendre sur l'estat; ce qui fut d'autant plus aysément creu, que l'on ne se pouuoit persuader qu'un homme que Timasius avoit tant aimé, & obligé, l'eust voulu accuser de chose qui n'eust esté veritable.

Amm. an. Marcell.

A quoy ayant joinct quelques memoires cōtrefaits, cest homme de bien fut relegué avec son fils en l'Isle d'Oasis d'où depuis ils ne retournerent ny l'un ny l'autre.

Tigillinus voulant donner le sault à C. Petronius qui se trouvoit plus propre que luy à servir Neron en ses volontez, corrompit un des serviteurs de Petronius pour accuser son Maistre d'auoir eu intelligence auec Scevin lequel auoit conjuré contre l'Empereur, & ainsi le ruina.

La creance aussi que le Prince a en celuy qui

La creance que le Prince a

au calomniateur séd la calõnie vray semblable.

a *Atque hac callidis criminationibus inter quos delegerat Iulium Posthumum per adulterium mutiliæ Priscæ inter intimos aviæ & consiliis peridoneũ quia Prisca in animo Augustæ valida*, Tacit.

b *Aulici acriter Principum offensa speculantur* Tacit.

§ L'opinió que le Prince a pris du calomnié conforme à la calomnie la rend vray semblable.

luy faict rapport d'une calomnie faict qu'il la croyt plus aisément, ce que recognoissant Sejan lors qu'il voulut faire croire à Livia mere de Tybere la mauuaise volõté d'Agrippine vefue de Germanicus, il gaigna Iulius Posthumus confident de Livia, & lequel entretenoit Mutilia Prisca femme puissante à manier l'esprit de ceste Princesse.a

§ Mais les calomnies sont encores plus aisémẽt creuës, quand elles s'addressent contre ceux desquels le Prince a desia quelque deffiance : de laquelle aucuns se sont servis, non seulement pour reculer ceux qu'ils calomnioyent, mais aussi pour gaigner les bonnes graces du Prince. b

Les Courtisans de Vitellius ne calõnierent Blæsus que sur le declin de sa faveur, & lors que l'Empereur sembloit en entrer en deffiance : laquelle fut aidee par la personne que l'on emploia à son accusation qui estoit le frere de Vitellius.

Grapius c affranchi de Cæsar tenu pour vn vieil & affiné Courtisan par Tacite, calomnia Cornelius Silla, duquel Neron se deffioit, afin de se conserver aux bonnes graces de l'Empereur: Et le semblable feit Tigillinus contre Plautus & Silla. d

Arbetio en feit aussi de mesme calomniant Vrsicinus general de la Cavallerie & suspect a l'Empereur Constantius a cause de Gallus duvray semblable.

c *Suspectabat maximè Cornelium Syllam, secors ingenium eius in contrarium trahens, callidum & simulatorem interpretando Quem metum Graptus ex libertis usu & senecta à Tiberio usque domum Principum edoctus tali mendacio intendit.* Tacit.

d *Metus eius rimatur, compertoque Plautum & Syllam maxime timeri, &c. Arbetio consilio in lenitudinem flexo facinus impium Læsæ Maiestatis quo Vrsicinus accusabatur ad deliberationẽ secundam differendum persuasit contentus exturbasse collegam, quem hac ratione sibi devinxisse existimabat.* Marcel. lib. 15.

quel Vrſicinus eſtoit parent. Le faict toutesfois dont il eſtoit accuſé ne pouuant eſtre prouué Arbetio feit contenance de le vouloir ſauuer remettant ce iugement à vne autre deliberation, & ainſi laiſſant ceſt affaire indeciſe il feit trois coups a ſon aduantage : Car il ſembloit par là obliger Vrſicinus qui deuoit craindre l'iniquité d'vn iugement tel qu'il s'en donnoit plusieurs en ce temps là : il reculoit ce pendant des affaires & de la Court vn plus capable & plus homme de bien que luy, à quoy principalement il tendoit : & aydant à la deffience que le Prince auoit de c'eſt homme, il luy faiſoit croire qu'il veilloit à ſa conſeruation.

*Ruze d'Arbetio pour reculer de la Court Vrſicinus, & l'obliger.

Les rapports des meſdiſances pretendues dictes par quelqu'vn ſe rendent auſſi vray ſemblables, quand l'on impute à quelqu'vn d'auoir meſdict du prince en choſe qui ſe trouue veritable.

*Les meſdiſances de choſes vrayes ſont vray ſemblables.

Cæpio Criſpinus voulant calomnier Granius Marcellus d'auoir meſdit de Tibere choyſit ce qui eſtoit de plus ſale, & de plus reprehenſible en la vie de ce Prince, & accuſa Granius de l'auoir dict : ce qui fut dautant plus aiſement creu que chaſcun recognoiſſoit toutes ces ſaletez veritables. a

a *Et quia vera erant etiam dicta credebantur.* Tacit.

Ceſte façon fut ſuiuie par la pluſpart des autres Calomniateurs qui impunement reprochoient à ceſt Empereur ſes meſchancetez & villenies, ſoubz ombre de calomnier les autres : ce qui deuoit degouſter ce Prince de leur preſter l'aureille.

Toutesfois haïſſant les reproches & aymant la calomnie, pour ne point ouyr les premieres en presence du Senat,&contenter sa cruauté par la derniere il se resolut en fin de se retirer de Rome,&faire son sejour à Caprees. *a*

C'est le seul moien de reprocher seurement à vn Tyran ses meschancetez, que de calomnier quelqu'vn d'en auoir parlé. Ainsi en vsoient ceux qui vouloient reprocher á Neron le parricide commis en la personne de sa Mere, accusans quelqu'vn d'en auoir parlé, non tant pour faire mourir celuy qu'ils accusoient, que pour diffamer ce Tyran. *b*

Voila les plus ordinaires façons de se seruir des calomnies, outre lesquelles il faut auoir lœil aussi aux autres artifices que la malignité peut inuenter,selon la disposition des affaires,& l'inclination du Prince. Passons aux Loüanges par lesquelles le plus souuent nos ennemis ne nous font pas moins de mal.

Aucuns les ont employées pour dissimuler leur haine, envie ou ialousie, contre celuy qu'ils ont desire tromper plus aysement.

Fabius loüoit deuant tout le monde Maulius valens pour mieux couurir les mauuais offices qu'il luy faisoit secrettement enuers Vitellius, *c* Arbetio appelloit Vrsicinus homme de courage &vaillant dict Marcellin en mesme temps qu'il le calomnioit enuers l'Empereur. *d*

Alphonse Roy d'Aragon voyant qu'vn des siens loüoit vn certain de ses compagnons plus que de coustume dict à quelqu'vn de ses fauoris

a Tiberium perpulit vt vitandos crederet patrum cœtus vocesque quæ plerumque vera & graues coram ingerebantur, &c. Tacit.

b Ἦν δὲ ἀκούειν αὐτὸ πολλῶν λεγόντων ὅτι Νέρων τὴν μητέρα ἀπεχείρωτο. Συχνοὶ γὰρ ὡς λελαληκότας τινὰς αὐτὸ εἰσαγγέλλον, οὐχ οὕτως ἵν' ἐκείνους ἀπολέσωσιν, ὡς ἵνα τὸν Νέρωνα διαβάλωσι. Xiphili.

Louanges des ennemis enuieux ou concurrens pour dissimuler leur haine.

Enuie ou Emulation, & nous surprendre plus aysement.

b Maulius valens quanquam de partibus [illegible] meritus multo apud Vitellium honore fuit secretis eum criminationibus infamauerat Fabius ignarum & quo incautior deciperetur palam laudatum. Tacit.

que toutes ces loüanges tendoient à ruiner celuy que l'on loüoit : ce qui fut aduenu si ce Roy n'eut destourné l'accusation qui au bout de six mois fut intentée contre celuy là par celuy qui auparauant le loüoit *a* Mucianus en fit de mesme voulant ruiner Antonius Primus, le loüant en plein Senat peu auant qu'il le desarmast. *b*

Mais le Courtisan doit estre aduerty que non seulement les autres de sa condition, mais aussi les Princes quelquesfois vsent de ceste dissimulation enuers ceux qu'ils veulent perdre.

Quand Tibere voulut faire mourir Libon il le fit Præteur & le caressa extraordinairement le receuant à sa table, sans se monstrer ny en paroles ny en visage esmeu contre luy : de mesme en vsa-il enuers Seian. Domitian n'estoit iamais tant à craindre que lors qu'en apparence il se monstroit plus doux. Nicetas dit que les loüanges d'Andronicus estoient commencement d'injures, sa liberalité signe de confiscation, & sa douceur l'auant coureur de la mort. *c*

Il y en a qui se sont seruis de loüanges pour mettre le Prince en ialouzie de ceux qu'ils loüoyent comme ceux qui loüoyent Iulius Agricola deuant Domitian : à quoy Tacite attribuë vne partie de la disgrace de son beau-pere.

Iulian Empereur *d* escriuant à Basile dict qu'il n'y a point de plus grands ennemis que ceux qui

a *Impugnabat autem Vrsicinum perfidia benignitatis Arbetio collega. Et virum fortem, propalam sæpe appellans Arbetio, ad inueniendas laetales insidias vitae simplici perquam callens & in ea tempestate nimium pollens.* Marcel. lib. 15.

b Panormitanus lib. 2.

c *Mutianus quia propalam opprimi Antonius nequibat multis in Senatu laudibus cumulatum secretis promissis onerat citeriorem Hispaniam ostentans discessu Cluuij Rufi vacuum, &c.* Tacit.

Les Princes caressent le plus souuent ceux qu'ils veulent ruiner.

d τὸν δὲ Ἀνδρονίκου ἔπαινον καταβολὴν ἐνόμιζον ὕβρεως, καὶ τὴν δ' ἀγαθοῦ τινὸς ἀνθρωπικοῦ παροχὴν ἔμεσιν τῶν προσόντων ὤοντο εἶναι, καὶ καταστροφὴν τὴν ἐπιστροφήν. Nicetas.

Louanges mises en auant pour ietter le Prince en ialousie de celuy que l'on loue.

e Καὶ αὐλικὴν ὑπόκρισιν ἐπαινοῦντες μασσοδοτπαλιχοδ... μῖσον ἥλικον οὐδὲ τοὺς πολεμιωτάτοις.

se seruent de ceste hypocrisie de Court. Aussi l'auoit-il sentie à ce que dict Mamertin en son Panegyric *a* & Polybe *b* dict que c'est vne nouuelle façon de calomnier de laquelle de son temps on se seruoit aux Cours des Princes, où l'enuie iouë ses jeux à couuert, & la flaterie à descouuert. *c*

a *Callido nocendi artificio accusatoriam dicacitatem laudum titulis peragibant in omnibus conuenticulis quasi per beneuolentiam.*

Il y a encores vne autre façon de se seruir des loüanges pour desfauoriser quelqu'vn, quand on loüe les vns pour reprendre & blamer les autres. *d* Plutarque accuse Herodote de ceste malignité lequel en loüant les Atheniés de s'estre opposez aux Perses a eu plustost intention par là de blasmer les autres Grecs, que de faire hōneur aux Atheniens.

Et Seneque dict que ceste façon est assez ordinaire aux Roys de loüer les seruices de ceux qui sont morts pour faire honte aux viuants: comme Auguste faisoit la fidelité de Mecœnas & d'Agrippa, qu'il regrettoit lors que le mauuais gouuernement de ses filles fut descouuert: afin de reprocher à ceux qui estoyent pres de luy le peu de soing qu'ils auoient de ses affaires & de sa reputation. *e*

b Καινὸς γὰρ δή τις οὗτος εὕρηται τρόπος διαβολῆς. τὸ μὴ ψέγοντας, ἀλλ' ἐπαινοῦντας, λυμαίνεσθαι τοὺς πέλας. εὕρηται δὲ μάλιστα καὶ πρῶτον τοιαύτη κακεντρέχεια, καὶ βασκανία, καὶ δόλος ἐν τοῖς περὶ τὰς αὐλὰς διατριβόντων, καὶ τούτων πρὸς ἀλλήλους ζηλοτυπίας, καὶ πλεονεξίας. Poly. lib. 4.

Le mesme Auguste se seruoit des excuses aussi bien que des loüanges pour reprocher & accuser ce qu'il trouuoit à redire, comme il en vsa enuers Tybere lors qu'il luy feit donner le pou-

c *Inuidia in occulto adulatio in aperto erat.* Tacit.

Louer quelqu'vn pour blamer vn autre.

d Ἐπαινοῦμεν πολλοὺς οὐκ ἐκείνους ποιῆσαι λαμπροὺς βουλόμενοι ἀλλ' ἑτέρους δι' ἐκείνων δακνύειν. Chrisost. Homil. XI. ad Corinth. I.

Louer les morts pour faire honte aux viuants. e *Regalis ingenij mos est in praesentiam contumeliam amissa laudare & eis virtutem dare vera dicendi a quibus audiendi periculum non est.* Sene.

voir de Tribun. Car escriuant de luy au Senat en termes assez honorables il y adiousta plusieurs choses qu'il y auoit à reprendre, lesquelles en excusant il sembloit luy reprocher. a

Reprocher en excusant.

a *Quaedam de habitu vultuque & institutis eius iecit atque velut excusando exprobraret.*

Tacit. lib. 1. Annal.

Par là nous apprendrons à recercher de cognoistre aussi bien l'interieur de ceux qui nous loüent ou font semblant de nous excuser comme de ceux qui nous calomnient.

De la force troisiesme moyen de nos enuieux & cõcurrens pour nous chasser de la Court ou nous ruiner.

Le dernier moyen que nos ennemis employẽt pour nous desfauoriser est la force laquelle se practique, quand les affaires sont disposees, ou à vne émotion populaire, ou à vne sedition ou reuolte de gens de Guerre pour le mescontentement que l'on peut auoir de nostre auancement, ou de nos deportemens.

L'on sçait les esmotions aduenuës à Paris du regne de Iean pendant la prison, & durant la regence de son fils, esquelles aucuns des principaux qui gouuernoient lors les affaires coururent fortune.

Depuis quelques annees en çà les seditions des Ianissaires ont extorqué des mains des Empereurs Turcs leurs principaux fauoris. Stilicho se voulant desfaire de Ruffinus qui gouuernoit tout pres d'Arcadius, enuoya Gaines auec quelques troupes sous pretexte de renforcer l'armée d'Arcadius auec commandement secret, que lors que Ruffinus accompaignant Arcadius se presenteroient deuant les troupes les soldats à certain signal se iettassent sur luy, & le taillassent en pieces, comme ils firent. Peu de temps apres Eutropius estant entré en la place de Ruffinus & mescontentant plusieurs Grands de la Court d'Arcadius, Gaines fit reuolter Tribigildus, lequel pilla & saccagea l'Asie auec ses troupes iusques à ce qu'aux despens de la teste d'Eutropius l'accord se fit auec l'Empereur par l'entremise de Gaines, qui estoit demeuré à la Court pour mieux ioüer ce ieu. Et depuis le mesme Gaines, s'estant luy-mesme ouuertement reuolté & ioinct à Tribigildus, pour s'accorder auec Arcadius, demanda qu'Aurelian Saturnin & Iean qui gouuernoient lors les affaires luy fussent liurez entre les mains, pour en faire à sa discretion : ce qui fut faict, s'estant contenté qu'ils fussent bannis apres leur auoir faict sentir la pointe de son espée.

13. De la desfaueur qui prouient par le mauuais naturel du Prince.

Quelquesfois le mauuais naturel du Prince rend les fortunes de ceux qui le seruent plus courtes, mesmement s'il est leger a & inconstát, vain, desfiant, enuieux, auare, cruel, ou timide: ces imperfections surmontans le plus souuent toute la prudence qu'vn homme puisse apporter pour se maintenir. Seneque, quoy qu'en certaines choses assez libre enuers son maistre estoit neantmoins estimé pour sage & auisé Courtisan : mais le mauuais naturel de Neron son disciple surmonta toute son accortise, laquelle ne peut empescher que son eloquẽce, & ses richesses ne fussent enuiées, qui auec les mesdisances de ses ennemis luy firent perdre premierement son credit, & puis en fin la vie.

a *Quod enim tam infidum mare, quam blanditiæ principum illorum quibus tanta leuitas, tanta fraus, vt satius esset iratos quam propitios habere.* Plinius in Panegyric.

Deffience & enuie du Prince les rẽdent plus mal seruis.

Plusieurs ont tellement craint la defiance & enuie du Prince contr'eux qu'ils ont plustost desiré diminuer leur reputation aux despens des affaires de leur maistre que de l'accroistre en bien faisant de peur de se ruiner.

Appian in parthis.

Ventidius craignant l'enuie d'Antonius, sous

l'authorité duquel il faisoit la guerre, se contenta de repousser les Parthes iusques à la Medie & Mesopotamie par trois batailles qu'il leur donna sans les poursuiure plus auant, bien qu'il le peust faire.

Agathias dict que Belisaire soubs Iustinian en feit de mesme, se contentant de chasser son ennemy, sans le poursuiure, de peur que croissant la reputation de ses exploicts, l'enuie des principaux de la Court ne reueillast celle du Prince, & creust dauantage par les applaudissemens & resiouyssances du peuple.

C'est à la verité trahir, & son honneur & son Maistre, mais la faute en doit estre imputée plustost au Maistre qu'au Ministre. A cause de cela Mecœnas conseilloit à Auguste de n'imputer les mauuais euenemens des affaires à ses ministres, ny leur enuier les bons afin qu'ils s'employassent sans crainte pour son seruice. Car plusieurs de ceux (ce dit-il) qui ont le maniment des affaires craignans de ietter leur maistre en ialouzie ont souuent aymé mieux mal faire que bien faire, preferans la seureté qu'ils trouuoient au premier à la reputation qu'ils eussent peu acquerir par le dernier.

Moyens de se descharger de la ialousie enuers le Prince.

I'approuue toutesfois dauantage la procedure de ceux qui pour se descharger de la ialouzie d'vn grand exploict en ont laissé tout l'honneur au Maistre, soit qu'il y ait esté present ou non.

Agrippa gendre d'Auguste faisoit & conseilloit aux autres d'entreprendre choses hazardeuses, & en laisser l'heureux euenement au Prince. a Ainsi en feit Ioab au siege de Rabatha à ce que dict Iosephe, lequel en differa la prise iusques à

a Δυοῖν παρῄνει τὸν ἄνδρα τὸν σωθησόμενον τῆς μὲν δυσχερείας αὐτὸν τῶν πραγμάτων ἀπαλλάττειν, τὰ δὲ κατορθώσεις σφῶν ἐκείνοις φυλάττειν. Dio. lib. 49.

a *Nec vnquam in suam famam gestis exultauit ad auctorem ducem minister fortunam referrebat.* Tacit.

Ialousie en vn Prince pour peu de chose.

la venuë du Roy. Craterus en vsa de mesme à l'endroict d'Alexandre son Maistre, l'attendant pour receuoir la composition d'Artacena. Agricola attribuoit à son Capitaine tout le bon-heur de ses exploicts a.

Ceste enuie ou ialouzie (car l'vne & l'autre produict pour ce regard vn mesme effect) est vne maladie commune à tous les Princes, & les plus courageux, comme Philippe & Alexandre son fils en ont esté trauaillez : mais il y en a qui s'y laissent aller pour moindre subiect les vns que les autres.

Theodose II. Empereur ayant donné a vn nommé Cyrus la surintendance de la construction d'vne muraille de la ville de Constantinople depuis vne mer à l'autre, il l'a fait paracheuer en soixante iours. La beauté de cest ouurage, & la celerité apportée en ceste besongne resiouit tant le peuple, qu'allant par la ville il crioit tout hault que Constantin auoit basty la ville, & Cyrus l'auoit renouuellée : ce que l'Empereur ayant entendu il le disgracia incontinent & le contraignit de se rendre moyne pour recompense d'auoir promptement executé ce qu'il luy auoit commandé.

Auec tels naturels il y a beaucoup plus de peine à se gouuerner, que s'ils estoient plus considerez, & se laissoient moins emporter à leurs craintes & imaginations. C'est pourquoy le Courtisan s'efforcera de tant plus de penetrer & recognoistre ces mouuemens pour s'en parer & deffendre s'il peut, sinon au moins aura-il ceste consolation de n'y auoir rien oublié de ce que l'accortise & dexterité y pouuoit apporter.

L'on

L'on iuge celuy heureux en faveur de Court, duquel le credit survit le Prince qui le premier l'a élevé, & est continué par le successeur (chose assez rare) avenant ordinairement que ceux qui sont esleuez à ce degré sont obligez pendant qu'ils y sont de heurter & contrebutter en plusieurs choses le presumptif heritier du Prince, lequel est le plus souvent suspect à celuy qui regne *a* : de façon qu'au lieu d'en estre aimé il en est le plus souvent hay à mort.

Et quand bien cela ne seroit, celuy qui succede à l'estat, ayant d'autres serviteurs, desquels l'affection luy est plus cognuë, où il se resoult de les avancer plustost que de maintenir celuy que son precesseur a favorisé, ou bien ses serviteurs pour tascher d'entrer en ceste place, s'efforcent de reculer celuy-là.

Si y en a-il qui se sont maintenus, ou aydez à cela par l'occurrence & disposition des affaires res ausquelles leur service estoit iugé vtile, ou en gaignant par quelque agreable office les bónes graces du successeur, & adorant (comme l'on dict) le Soleil levant.

Macro n'espargna sa propre femme pour gaigner les bonnes graces de Caligula, auquel il feit encores ce service de haster à ce que l'on dict la mort de Tibere *b*. Et Arbetio se rendit si necessaire que l'Empereur Iulian qui le cognoissoit homme entreprenant & brouillon, & qui en effect ne l'aymoit point le conserva en credit & en authorité *c*, & depuis fuit encores appellé par Valentinian por s'opposer à Procopius *d*.

De la mort du Prince dernier cause de desfaveur.

a *Suspectus dominantibus qui proximus destinatur.* Tacit.

La faveur se cótinuë aprez la morte du Prince

En se rendát necessaire aux affaires.

Ou obligeant le successeur par quelque signalée action ou agreable service.

b *Macro intrepidum opprimi, senem iniectu multæ vestis iubet discedique à limine, sic Tiberius vitam finivit.* Tacit.

c *Arbetionem semper ambiguum* ... *nidū quem piam omnium salutis suæ noverat obiectum præfecit quæstionibus* Marcel. lib. 2.

d *Arbetionem ex Consule agentem iād. dū in otio ad se ve-*

hortatus est ut Constantius Ducis verecundia truces animi lenirentur. Marcel. li. 16.

* Advis pour eviter la Desfaveur du Prince.

Humilité necessaire aux Grãdz pour se maintenir.

a *Primoribus claritudo sua obsequiis protegenda est, eoque iis minus sordida adulatio videtur quia necessaria est.* Tacit.

b *Paulatim in desidiam segnitiemq; conversus est ne quid materiæ præberet Neroni, & ut dicere solebat quod nemo rationẽ sui otij*

*Par la consideration de tous ces ex emples il sera aisé à recueillir vne partie de ce que nous devons éviter, afin de ne point tomber en la disgrace du Prince, mais le plus vtile conseil que l'on peut donner à vn homme qui est en credit est de s'abaisser *a* le plus qu'il pourra envers son maistre & faire le craintif, mesurant ce qu'l doit faire plus par la cõdition du Prince qu'il sert que de sa fortune. Ne faire rien par ostentation, mais seulement par obeissance; & à l'ordinaire pour éviter l'envie; y ayant eu mesmes des grãdz qui pour ceste consideration ont faict semblant de s'amuser aux desbauches, & autres aux lettres, pour monstrer qu'ilz estoyent fort elloignez de penser à l'estat, comme pour vn temps feit Domitian; & à l'oysiveté, comme feit Galba du temps de Neron: *b* pareillement s'ilz font quelque chose de remarque ilz en donneront l'honneur à leur maistre; mais sur tout sans s'endormir aux loüanges & apparences exterieures fault avoir * l'œil sur ses ennemis, envieux & concurrens, pour destourner leur calomnies & artifices, soit envers le Prince ou autres qui peuvent nuyre.

* Les calomnies sont ordinairement fondée ou sur quelque manquement que l'on pretends estre en nous, ou sur quelque parole dicte mal à propos & à dessein d'offencer, ou pour quelque faute que nous avons cõmise contre quelqu'un.

Le manquement que l'on presuppose estre en nous doibt estre ou amẽdé, ou excusé par nous, ou par nos amis, ou suppleé par quelqu'autre avantage: & tant en noz paroles qu'en nos deportemens faut rapporter telle circonspection, que nous ne disions ny faisions rien qui puisse estre diuersement interpreté par ceux qui sont presens, l'intention desquelz nous devons sonder avant que de nous ouvrir à eux. Et où quelque chose par mesgarde nous seroyt eschappée, nous recercherons de faire cognoistre par quelque office ou discours contraire faict avec occasion, que nostre intention a esté bonne & est en l'endroit de celuy qui s'en pourroit offenser. Ne faudra aussy s'esloigner que le moins que l'on pourra de celuy envers lequel on craint d'estre calomnié: car outre que l'absence avec le temps diminue l'ardeur de l'affection que l'on nous peut porter, l'on a temps d'imprimer vne calõnie de la verité de laquelle l'on ne peut estre si test esclaircy. Et ne se trouvant rien au contraire l'on est comme forcé de la croire, ou si l'on ne la croyt le cerveau demeura my party & en doubte: mesmes quand le calomniateur l'afferme & l'asseure, quelque disposition que l'on ayt au cõtraire. Et si l'on la laisse viellir en l'esprit du Prince auquel le rapport se faict, insensiblement la desfiance s'y engendre qui l'empesche de s'enquerir de la verité plus avant, d'où vient qu'elle degenere en estrangeté, & de là en inimitié.

Sueto in Galba.

* Avoir l'œil aux aux loüanges & aux Calõnies.

*Fõdemét plus ordinaire des Calũnies & le remede qu'il y faut rapporter.

*Amender & suppléer le deffaut duquel l'õ nous Calõnie.

Parler discretemét.

Interpreter ce qui peut estre mal pris.

Ne s'esloiner.

Celuy donc qui est absent doit necessairement se pouvoir d'vn ou plustost de plusieus qui luy puissent faire cest office de vray amy, de le deffẽdre contre les faux rapportz, & les choysir telz qu'ilz ayent entrée & credit aux lieux où l'on luy peut prester telles charitez. Chose que ie cõfesse estre tres-rare & difficile en la Court, chacũ estant bien ayse de drapper (comme l'on dict) ou d'ouyr drapper sur son cõpaignon. Neantmoins

Faire des amys.

aucunesfoys il s'en peut rencontrer quelqu'vn qui poussé ou d'obligation qu'il nous a, ou de desir de nous obliger, ou par envie ou haine qu'il peut porter au calomniateur, nous pourra faire cest office.

Fuir l'ostẽtation.

I'ay dict qu'il ne falloit rien faire par ostentation, ce que ie repete non seulement pour éviter l'envie de noz compaignons, mais aussi pour ne faire entrer le Prince en jalouzie de nous.

L'on escrit qu'en Hespaigne vn des moyens desquelz les Courtisans du Roy Philippe second se seruirent pour donner le sault au Cardinal Espinosa, fut en se rengeant tous soubz luy, monstrans qu'ilz en dépendoyent, iusques là que les domestiques du Prince ne faisoyent que ce qu'il commandoit. Ce que le Roy recognoissant il l'esloigna de la Court & en deux ans sa fortune fut ruinée par cest artifice.

Ne faut attẽdre à se moderer sur le declin de la faveur.

De là le Courtisan apprendra de s'accompaigner de peu de gẽs, & selon la qualité en la quelle le Prince trouve bon qu'il demeure, voire plustost au dessoubz. Il ne faut attendre au declin de sa fortune à retrancher ceste suite. Il ne servit de rien à Senecque apres avoir perdu les bonnes graces de Neron de se retirer en sa maison, faire semblant de vacquer à l'estude, ou d'estre indisposé & faire fermer sa porte à ceux qui auoyent coustume de le courtiser. Non plus servit-il à Agricola soubz Domitian de n'aller que de nuict & peu accompaigné.

Il faut de bonne heure se composer à la modestie.

S'obliger le plus de gens que lõ pourra.

Celuy toutesfois qui sera en credit ne laissera d'obliger le plus de gens qu'il pourra, non pour la vanité d'estre suivi, mais a fin que sa cheute en soit plus douce, & qu'il ait qui le recueille.

Car encores que l'on tienne qu'il soit bien difficile de faire des amis en la Court qui vous assistent en vostre disgrace : *a* Toutesfois en un si grand nombre il s'en peut trouver quelqu'un : lequel si ce n'est par consideration d'amitié, au moins par son propre interest pour l'accez qu'il avoit pres de vous, & l'esperãce qu'il pouvoit auoir d'en tirer quelque avantage plaindra vostre fortune & s'efforcera de vous ayder,

a Nulli fides ubi iam melior fortuna ruit. Senec.

Mais comme il est tresavantageux pour adoucir nostre disgrace d'auoir fait ressentir à plusieurs la faveur que nous auions prez du Prince pendant qu'elle duroit en intercedant pour eux. Aussi auertiray-ie le Courtisan de sy porter discretement. Car la pluspart de ce que le Prince nous accorde pour autruy il nous le met a compte ; & partant nous reserverons nostre credit pour nous s'il n'est bien grand : & ne nous presenterõs pour telles intercessions que rarement, & pour subiect dont le Prince ayt ia quelque cognoissance, de peur que l'on ne nous rende responsables de ses fautes. *b*

Faut se cõporter avec discretion aux demãdes que l'õ fera au Prince pour autruy.

b Qualem commendas etiam atque etiam aspice ne mox incutiant aliena tibi peccata pudorẽ. Horat.

† Faut aussi que les demandes que nous ferõs au Prince soyent iustes, convenables au temps, ordinaires à estre accordées, conjointes si faire se peut à son honneur, profit ou plaisir. S'il nous accorde quelque chose nous en ferons grand cas, & estans refusez nous en devons monstrer en mal contens, & par toutes sortes de demonstrations le luy faire croire.

† Qualité des demandes.

Il ne faudra pas toutesfois faire feste & parade envers les autres de nostre credit envers le

Ne se faut vanter de son credit.

Prince ny moins se vanter, comme aucuns ont faict que nous gouvernons nostre maistre. Les Princes veulent estre veus faire ce qu'ils font d'eux-mesmes sans conduitte, addresse ou entremise d'autruy, moins d'aucuns de leurs subiects: aussi la plusparr de telz ventars sont vendeurs de fumées.

Comme il se faut cõporter en l'execution des cõportemens du Prince.

S'il nous commande quelque chose ou nous donne quelque commission, nous la ferõs mettre par escrit, si faire se peut avec toutes ses circonstances: nous remuerons toutes les difficultez que nous pourons prevoir estre pour avenir en l'execution. Et si c'est chose non subiecte à estre escrite, & laquelle nous soit commandée secrettement, nous la repetterons souvent au Prince à fin de mieux concevoir son intention: & par ceste repetition faire que plus aysement il se ressouvienne à l'aduenir, de ce qu'il nous aura commandé.

Ne faut refuser aucun commandement.

Nous ne deuons refuser aucune commission ou commandement du Prince quelque petit qu'il soit: souvent peu de chose a servi d'ouverture à vne grande fortune; & puis les Princes iugent la grandeur de leurs commandemens, non par l'importance, mais par leur propre grãdeur: & se sentent autant offensez du mespris d'un commandement de peu de chose que du refus d'vn qui leur importeroit d'auantage.

Faut se tenir prest & en garde pres du Prince.

Estant prez du Prince il faut estre tousiours en garde, de peur d'estre surpris: prevoir à peu prez les affaires desquelles il nous peut parler, se preparer à celles qui sont sur le tapis, parler peu & seulement de ce que nous sçauõs bien: estre attentif lors que le Prince parle, monstrer que l'on ne songe point ailleurs: ne se monstrer ny triste, ny pensif, de peur que cela ne soit interpreté à mespris ou mescontentement.

Si quelque mal-content vient à nous pour descharger son cœur, nous le pouvõs escouter pour une fois, & monstrer de compatir à sa disgrace en luy donnant courage & esperance de mieux, diminuër le tort qu'il pretẽd luy avoir esté faict, excuser le Prince, l'exhorter à se taire & prendre patience : mais sur tout nous prendrons garde aux offres que nous ferons à telles gens. Car la pluspart feignent d'estre mal-contens & desireroient tirer de nous quelque demonstration de mauvaise volontè contre le Prince pour s'en prevaloir, & nous ruiner : ou s'ilz sont mal contens ordinairement la passion les transporte & ne sçavẽt pas taire ce que l'on leur dict. *Comme il se faut gouverner avec les malcontẽs.*

Faut aussi qu'un Grand commande à ses serviteurs de parlet modestement & sobrement soit du Prince ou de ceux qui sont prez de luy, car souvent l'on accuse le maistre, de ce qu'on entend dire aux valetz. *Ne faut point rompre avec le Prince.*

Mais la sagesse principale est de prevoir la desfaueur ou refroidissement du Prince & decoudre tout doucement sans rompre : afin que le Prince se ravisant nous ayõs tousiours une porte ouverte pour rentrer : ne monstrãs d'en estre offensez, ny mesmes que nous ayons recognu son refroidissement envers nous.

13. Mais a fin que le Courtisan puisse juger de la durée de son credit envers son maistre, oultré ce qu'il en peut conjecturer par l'humeur du Prince, & par la faveur que ses amis & ennemis peu- *Advis sur la durée de la faveur ou credit d'vn Courtisan.*

Consideration sur la cause de sa faveur.

vent avoir prez de luy, il faut qu'il cõsidere aussi la cause pour laquelle son maistre l'ayme. Car ceste cause uenant à manquer, ou s'en trouvant une plus puissante en un autre, sans doubte la faueur aussi diminuera en son endroict, si elle ne manque du tout.

Il y a bien des faveurs desquelles l'on auroit peine de deviner la cause, & plusieurs se trouveroient empeschez de raison de leur bonheur a. Toutesfois pour en parler comme il en advient plus ordinairement. La faveur des Princes provient ou d'une conformité d'humeurs, grace ou façon qui leur aggrée, ou d'obligation de services faictz: ou pource qu'ilz recognoissent ceux qu'ilz veulent fauoriser instruments propres pour seconder leurs volontez: ou avoir en eux quelques parties & suffisance non commune.

a *Subijciet aliquis, Ista quidem adeptus est, sed effare, quo merito? quid me oneras sciscitor? rationem fœlicitatis nemo reddidit, Deus & qui Deo proximus, tacito munera dispersit arbitrio, & beneficiorum suorum indignatus per homines stare iudicium mavult de subditis dedisse miraculum.* Auson. ad Gratian

De la faveur procedant de grace personnelle. N'est durable.

* La faveur qui procede de ceste grace personnelle, bien qu'elle semble estre attachée des deux costez, c'est celle qui passe plustost: n'y ayãt rien si inconstant que les humeurs des hommes lesquelles se changent non seulement (comme nous avons dict) par l'aage, mais par vne bien petite rencontre ez affaires qui peuvent survenir. Ioinct qu'il est impossible que deux personnes se rencontrent si cõformes en humeur qu'il n'y ait tousiours quelque particularité d'vn costé ou d'autre qui les rend en cela differentes: & laquelle heurtee les separe & esloigne plus loing qu'elles n'estoient auant qu'elles se fussent vnies.

I'advoüeray toutesfois, qu'où ceste conformité se trouve plus grãde elle produict en la personne

sonne du Prince des effects de faveurs plus grands qu'aucune autre cause. Mais celuy qui se voit favorisé doibt mesnager le temps, & le faire valoir le plus qu'il pourra, & comme s'il prevoyoit la tempeste proche, doibt haster sa recolete pour se retirer à couvert.

De la faveur des Princes envers les fẽmes.

Telles faveurs sont d'autant plus violentes envers les femmes que le plaisir du Prince, & la fureur de ses desirs se mesle par dedans.

Mais si la mauvaise conduitte qui est ordinairement en telles femmes ne les rompt: la satieté, ou un autre plus agreable object les rompra aysémẽt: aussi celles qui veulent se maintenir en credit s'efforce ordinairement de distraire les Princes de toutes autres cõpagnies, & les destourner des objects qui leur peuvent faire changer d'advis. Autres y ont apporté les refuz simulez, & quelques-unes plus hardies les recognoissans attachez à elles les ont gourmandez *a*.

Ce fut un traict du mestier que celuy dont usa Poppæa envers Neron apres qu'elle l'eut rendu amoureux, de feindre qu'elle se vouloit retirer avec Othon son mary, auquel elle estoit (ce disoit-elle) obligee & par mariage & pour son merite, qu'elle eslevoit par dessus celuy de Nerõ, lequel elle disoit n'avoir accoustumé de se mesler qu'avec des chambrieres, & depuis encores Neron differant de repudier Octavia de peur qu'Agrippine ne le trouvast mauvais (en se mocquant de luy) l'appelloit pupille, qui non seulement n'estoit pas Empereur, mais aussi n'estoit pas libre *b*.

a Sed arreptō aditu properā primū per blandimenta & artes valescere, imparem cupidini se & formā Neronis captā simulās, mox acriter Principis amore ad superbiam vertens si ultra unam atque alteram noctem abs[illegible]neret. Nuptā se esse dictitans nec posse matrimonium amittere, [illegible] vinctam Othoni per [illegible]tus, vita quod Nero haud æquaret, illum animo & cultu magnificum se [illegible] & fortunæ digna visere, At Nerone pellice ancilla & assuetudine Actæ de[illegible], nihil è contubernio servili nisi abiectum & sorditum traxisse. Tacit. b *Aliquan[illegible] per facetias incusare Principem & pupillum vocare qui iussis alienis obnoxius [illegible] modo Imperij sed libertatis etiam indigeret.* Tacit.

Cõ

Il y a des Princes de cest humeur, lesquelz par tels artifices sont entretenus plus ayséments en haleine que par la facilité de la iouïssance & par les carresses. Mais nonobstant tout cela le plus souvent l'inconstance les emporte ailleurs.

La faveur qui procede des services faictz sembleroit devoir estre plus durable que les autres comme celle qui est acquise à meilleur tiltre, & qui peut reveiller beaucoup de gens au service du Prince.

De la faveur procedant des services faictz.

Mais au contraire nous n'en voyons point qui dure moins, & souvent les plus grandz services qui ne se peuvent payer sont ceux qui attirent sur nous plustost la disgrace que la grace du Prince a.

Est peu durable.

C'est l'ordinaire des Princes de vouloir estre deschargez de toutes sortes de debtes : ce faix leur pese : mais plus se faschent-ils qu'on croye qu'ilz soient redebvables à un de leurs subjectz de quelque grand & signalé service. Ilz en apprehendent mesme la rencontre qui leur reproche leur honte & leur ingratitude, & le plus souvent il n'y a gens si empeschés, & diray avec regret si malheureux que ceste sorte de serviteurs. Car comme ilz ont l'honneur en recommandation, ilz ne veulent aussi tost qu'ilz ont fait un service à leur Prince en exiger incontinent la recompence, de peur qu'ilz ne soient veuz plustost vendre leur service que le faire liberalement : & d'ailleurs les Princes pour la pluspart sont peu soucieux de recompenser leurs serviteurs : & bien qu'aucuns recognoissent le debvoir faire, ils reiettent cela en autre temps, & autres occasions pour donner loisir au service receu de vieil-

a *Argumentum nihil debentium odio quaerunt.* Senec. 2. de Benefic.

lir *a* en la memoire de ceux qui en sont tesmoins, & peu à peu de l'oublier.

Cela a faict qu'aucuns se sont resolus de batre le fer (comme l'on dict) pendant qu'il estoit chaud: & que prevoyans debvoir estre necessairement employez en quelque affaire voulans mesnager ceste occasion, avant que l'on se soit addressé à eux ilz ont tiré quelque avantage du Prince : l'esperance d'un service a receuoir ayāt plus de force a l'endroit des Princes, que le fruict d'vn service reçeu. Et tiennent plusieurs qu'il vaut mieux estre obligé au maistre que le maistre le soit a nous *b*: le Prince voyant de meilleur œil ceux qu'il a obligez, comme ceux qu'il croyt avoir plus de subiect de luy estre affectiōnez, que ceux ausquels il n'a point ou peu fait de bien : & qui l'ayans neantmoins merité sans l'avoir reçeu, il recognoist qu'ils ont peu de subiect de l'affectionner. C'estoit l'opinion de Loys XI. a ce que dict Philippes de Commines.

† La faveur de ceux lesquelz secondent les passions & inclinations du Prince semble aussi devoir durer comme ordinairement elle faict tant que le Prince se trouve possedé des mesmes passions. Mais comme il tombe d'une passion en un autre, ainsi change-il d'instrument & de ministres : & quelquesfois se tournant vers le devoir de sa charge il entre en degoust des passions qui y sont contraires, & prend en hayne ceux qui l'y ont servy *c*.

Toutesfois comme les passions sont plus durables les unes que les autres aussi ceux qui y servēt durent d'avantage en credit les uns que les autres, selon la passion de laquelle ilz se rendent ministres.

a Hæc est cōsuetudo vestra, nēpe donorum, tamdiu vobis cordi sumus quamdiu usui. Seneca, in contro. Demosthe. Epist. 3. Il vaut mieux estre obligé a son Maistre que de l'avoir oblgé.

b *Sed in principe rarū ac prope insolitum est ut se putet obligatum [illegible] putet amet.* Plin. Traiā.

† De la faveur de ceux qui secōdent les passions du Prince.

c *Tiberius scelerum ministros ut perverti ab aliis nolebat ita plerumque fatiatus & olatis in eandem operā re[illegible]tioribus veteres & pregraves afflixit.* Tacit.

Ie ne parleray icy de plusieurs plaisirs ausquelz les Princes se laissent ordinairement transporter: pource que rarement seruent-ilz, de fondement pour bastit vne grande fortune. Mais ie rapporteray les trois excez, lesquels les Princes se laissent plus ordinairement aller, qui sont l'Amour, la crainte, & l'Avarice.

De ceux qui seruent le Prince en ses amours.

Pour le regard de l'Amour plus il est violent moins il est durable: & si bien ceste passion dure au Prince, si ne dure-elle gueres en mesme obiect. Neantmoins une infinité de personnes y ont faict fondement jusques a prostituer leurs femmes mesmes: comme Othon auquel toutesfois il n'en prist pas bié avec Neron, car cela fut cause qu'il fut éloigné par luy afin de se delivrer de la ialousie *a*.

a Doijcitur familiaritate sueta cõgressu & comitatu Otho & postremo in vrbe æmulatus ageret prouinciæ Lusitaniæ præficitur. Tacit.

Autres ont creu de pouvoir obliger le Prince a les maintenir en grace en se rendans compaignons, tesmoins, & ministres de mille villenies & impudicités comme Tigillinus: ne considerans pas que le Prince est tousiours assez puissant pour se desgager de l'envie & de la haine que telles actions peuvent causer contre luy en les abandonnant & sacrifiant au public: Cela se pouuant pratiquer en ce subject aussi bien que Cæsar Borgia le pratiqua pour se décharger de la hayne des cruautez qu'il auoit faict faire par Remiro d' Orco: lequel il feit mourir en reiettant toute la faute sur luy.

L'Envie des crautez reiettee sur le maistre.

Qui est un exemple pour nous faire cognoistre que les faueurs de ceux qui se rendent executeurs des cruautez des Princes non seulement ne durent pas, mais conduisent ceux qui se meslent de ce mestier a leur ruine. Car non seulement la cruauté se represente devant les yeux du Prince: mais aussi il entre en défiance mesme de celuy qui a esté si volontaire à l'executer.

Neron quoy que confirmé & endurcy aux cruautez en tomba là, apres auoir faict tuer sa Mere par Anicetus, lequel peu apres il ne voulut voir sa presence luy reprochant le parricide qu'il luy auoit fait commettre *a*.

a Anicetus leui post admissum sceleus gratia dehinc grauiore odio quia grauiorum facinorum ministri qua si exprobrantes aspiciuntur. Tacit.

L'auarice est celle qui dure plus long-temps. Car ny l'aage, ny la diuersité des obiectz ne la peuuent faire changer comme l'amour: au cõtraire elle croist auec l'aage du Prince: & bien qu'elle soit odieuse au peuple aussi bien que la cruauté, toutesfois il l'a supporte plus longuement, a cause du pretexte de la necessité publique que l'on a coustume d'éprunter pour faire les leuces & exactions de deniers, & pour donner couleur aux retranchemens de la despence ordinaire: De maniere qu'il semble que ceux qui assistent le Prince en ce subiect sont pour le maintenir plus longuement en credit: pourueu que de leur costé ils apportent de la moderation ne se rendans trop altiers & fascheux en leurs façons de proceder (chose assez rare en telles sortes de gens qui souuent a leurs responces & refus y adioustent les contumelies & les iniures) & ne s'enrichissans trop excessiuement.

De ceux qui secondent l'Auarice du Prince.

Leur faueur plus durable.

Moderans leurs desportemens.

Le premier attire ordinairement la hayne contre eux, de laquelle le Prince craignant en fin de se ressentir est contraint de leur donner congé s'il ne faict pis: & l'autre produit l'enuie non seulement du commun, mais aussi quelquesfois du Prince mesme: lequel estant vrayment auaricieux il est a craindre qu'il ne se contente pas comme Vaspasian de presser l'éponge: mais qu'il en vse comme font les Paysans de leurs pourceaux qui apres les auoir engraissez les mangent.

En ne s'enrichissans excessiuement.

Nostre France a veu plusieurs de ceste condition, les vns pour l'insolēce de leurs deportemens, & les autres pour l'enuie que l'on portoit a leurs richesses trop promptement acquises, precipitez tout a vn coup d'vne grande fortune en vn miserable estat.

Du temps du Roy Philippes le Bel, Pierre de la Berche son premier Chambellan & Gouuerneur de toutes ses Finances fut pendu & estranglé à Paris soubz le Roy Loys fils dudit Philippes. Enguerrād de Marigny ne rencontra pas mieux. Soubz Charles VII le Sieur de Gyac, aussi premier Chambellāt ayant mesme charge apres que l'on luy eut faict son procez, fut jetté dans la Riuiere en vn sac & noyé. Apres luy Camus de Beau-lieu estant entré en sa place fut tué à Poictiers. Et soubz Philippe I. Pierre des Essarts courut aussi fortune, mais en fin il en fut quitte pour cent mil florins.

Ie pardonneray à la memoire de quelques autres que l'on pourroit icy adiouster, pour dire que cōme il faut fuyr la facilité en ces charges pour le bien des affaires de son Maistre; aussi faut-il fuyr l'insolence pour euiter la hayne qui l'accompaigne. Et comme il n'est pas deffendu de tirer quelque auantage de ses seruices estāt le plus iuste moyen de s'enrichir: Aussi faut-il euiter l'excez pour estre a couuert de l'enuie & demeurer plus long-temps en credit.

De la faueur qui procede de quelque Suffisance non commune.

En la faueur qui procede d'vne Suffisance ou Capacité non commune, il faut cōsiderer si ceste Suffisance agrée au Prince, ou pource qu'elle luy est necessaire, ou pource que luy-mesme s'addonne & s'occupe au mesme subiect. Car au 1. cas il ne faut faut point douter que tant que la necessité durera que la faueur ne continuë: mais plus par force, c'est a dire par besoin, que par amitié.

Que si le Prince s'addonne au mesme subiect auquel nostre Suffisance est admiree, il faut croire que si tost qu'il recognoistra que nous le surpassons, il commencera à nous voir de mauuais œil. Car c'est vn naturel commun non seulement aux Princes, mais aussi à toutes personnes de ne vouloir estre veus inferieurs à aucun en ce dont ilz font profession: moins le maistre veult-il que l'on croye son valet en sçauoir d'auantage que luy.

Ne fault se rendre concurrent en suffisance auec le Prince en ce en quoy il pense ou desire exceller.

Quelques-vns encourageans Asinius Pollio de respondre à certains vers qu'Auguste auoit faict de luy, leur dit qu'il s'engarderoit bien d'escrire à l'enuy de celuy qui pouuoit proscrire.

Et Fauorinus Philosophe estant tombé en contétion d'vn certain mot auec l'Empereur Adrian, luy donnant gaigné, & respondit à ses amis qui l'en reprenoient qu'il n'auoit point de honte de paroistre moins sçauant qu'vn qui commandoit à trente Legions.

C'est pourquoy le Sage nous admoneste de ne vouloir paroistre trop sages deuant le Roy. Il n'y a remede, il faut en cela trahir son honneur pour en estrener son maistre si on veut estre le bien venu: & ne suffit pas de luy ceder de paroles, il faut en effect monstrer que l'on est inferieur en tout, voire faire plustost à escient quelque chose de mal à propos si elle luy peut aggréer, & que d'ailleurs elle ne nous puisse gueres preiudicier.

Coram Rege noli videris sapiens.

Par-là l'on peut iuger le peu de duree de toutes les sortes d'auancement; & que la puissance de la Court estant si mal asseuree, la principale consideration de celuy qui se voit ainsi esleué, est de se preparer à la descente: ce sera bien courage de cõbattre le plus qu'on pourra, mais si en combattant il y a plus à perdre qu'à gaigner, ce sera prudence

Conclusion sur le peu de duree de la faueur de Court.

de pouruoir à sa retraicte, & ne combattre que comme les Parthes en se retirant.

Faut se preparer à la descente.

Il est beaucoup plus honorable de se descendre doucement & sortir par les degrez & par la porte, que d'atendre que l'on nous face saulter la fenestre: a, Et est plus honteux d'estre chassé que de prendre son congé de soy-mesme soubz quelque honneste pretexte.

a *Quid fatigata fœlicitati molestus es? quid expostas donec castris eijciaris?* Roman. Hispan.

L'on tient heureux ceux qui meurent au milieu de leurs felicitez, & moy ie tiens heureux le Courtisan qui se sçait retirer au milieu de ses prosperitez. Ceux qui ne sçauent que c'est diront que telles gens sont indignes & incapables de leur fortune de l'abandőner ainsi au milieu de la course. Mais il les faut laisser dire & se souuenir qu'en tous jeux de hazard il vault mieuy se retirer sur son gain, que sur sa perte, & ne hazarder le certain pour l'incertain.

Faut faire retraicte auant le declin de sa fortune.

Felicitas in ipsa fœlicitate mori. Senec.

L'on monte en ces grandes fortunes par degrez, mais quand l'on est monté iusques au comble le plus souuent l'on n'en trouue point pour descendre, & le moindre esblouïssement de veuë qui prend ordinairement à ceux qui sont esleuez si haut leur faict perdre l'assiette du pied, & les precipite en bas tout à vn coup.

C'est ce qui m'est tombé souz la plume, & que i'ay recueilly icy plus pour satisfaire à vostre desir que pour mon vsage particulier, *b* prenant pour ma leçon & pour mes souhaitz ces vers de Seneque:

b *Fungor vice cotis, acutum Reddere quæ ferrum valet exors ipsa secundi.* Horat.

Stet quicunque volet potens
Aulæ culmine lutrico.
Me dulcis satuer et quies,
Obscuro positus loco
Leni perfruar otio:
Nullis nota. Quirtibus
Ætas per tacitum fluat
Sic cum transierint mei
Nullo cum strepitu dies
Plebeius moriar senex.
Illi mors grauis incubat
Qui notus nimis omnibus
Ignotus moritur sibi.

D. R.

www.ingramcontent.com/pod-product-compliance
Ingram Content Group UK Ltd.
Pitfield, Milton Keynes, MK11 3LW, UK
UKHW021057230726
13926UKWH00004B/1898